Mamá por Primera Vez

Cómo comenzar bien—
desde el nacimiento hasta la escuela

• • • • • • • • • • • • • • • •

Dr. Kevin Leman

CASA
CREACIÓN
A STRANG COMPANY

Mamá por primera vez por Kevin Leman
Publicado por Casa Creación
Una compañía de Strang Communications
600 Rinehart Road
Lake Mary, Florida, 32746
www.casacreacion.com

A menos que se indique lo contrario, todos los textos bíblicos han sido tomados de la versión Reina-Valera de la *Santa Biblia*, revisión 1960.

Traducido y editado por PICA Y 6 PUNTOS con la colaboración de Salvador Eguiarte D.G. (traducción), Raúl García Corona (traducción) y Elsa Galán de Poceros (edición)

Tipografía por: Lillian L. McAnally

ISBN: 1-59185-433-4

Library of Congress Control Number: 2004104420

Impreso en los Estados Unidos de América

04 05 06 07 08   9 8 7 6 5 4 3 2 1

Para Conner:
Tienes una mamá increíble...
¡y un padre increíble también!

ÍNDICE GENERAL

RECONOCIMIENTO

Para la editora más competente, alentadora y maravillosamente talentosa que uno pudiera pedir: Ramona Tucker

Ramona: Los muchachos de Tyndale deberían pagarte en lingotes de oro. Te lo mereces. Gracias por toda tu ayuda.

Yo era muy chico cuando nací.
—Dr. Leman

Los bebés son una forma maravillosa
en la que la gente comienza.[1]
—Don Herold

INTRODUCCIÓN

La mayor aventura de la vida

¡Bienvenida a la mayor aventura de la vida!

Si eres como la mayoría de las madres primerizas, probablemente te sientes un poco perpleja de saber que vas a ser mamá. Quizá estés encinta, a punto de dar a luz o tuviste una hija recientemente. Posiblemente te encuentras en el proceso de escoger a una hija en adopción de una agencia local o internacional. Puedes ser soltera o casada. Pero, sin importar la forma en que te hayas convertido en mamá, como madre primeriza tienes muchas preguntas, sin mencionar todas estas, que son bastante importantes:

- ¿Cómo puedo ser la mejor madre para esta niña?
- ¿Se parecerá a mí, en personalidad, talentos o belleza?
- ¿Debo establecerle un horario constante para dormir y comer, o me dejo llevar por su estado de ánimo?
- ¿Cómo sé si está recibiendo lo que necesita para crecer saludablemente?
- ¿Cuáles podrían ser las formas apropiadas para establecer un vínculo con esta beba... para toda la vida?
- ¿Qué puedo hacer para que mi hija deje de llorar tanto? ¿Estoy haciendo algo mal?
- ¿Mi hija irá a ser de las niñas que pasan sus dos primeros años de una forma "terrible"? Porque ya estoy comenzando a tener dificultades.
- ¿Cómo debo manejar la disciplina? ¿Está bien darle nalgadas? ¿A qué edad los niños entienden la disciplina?
- ¿Debemos tener sólo un hijo o debemos tener más?

Y este es sólo el comienzo de tus preguntas. Tal vez llenes otra página completa con tus propias preguntas adicionales. ¡No es de extrañarse! Llegar a ser mamá es una transición enorme en la vida, llena de sorpresas constantes, gozo, ansiedad, sacrificios y también de recompensas tremendas.

Una de las razones por las cuales escogí escribir este libro es ayudar a las que son "mamás por primera vez", como tú, a ver que el asunto de la maternidad es más fácil de lo que te puedes imaginar. Durante miles de años, los padres han criado a sus primogénitos sin que los libros, seminarios, programas de radio y televisión y los especialistas les digan qué hacer, así que respira profundamente..., permanece tranquila. No vas a ser perfecta como madre, y tu hija tampoco lo será. Pero juntas pueden adaptarse para llegar a ser una familia, y reír bastante en el camino hacia lograrlo.

Este libro las llevará de la mano, a ti y a tu hija, desde el nacimiento hasta el primer grado escolar (otro tiempo de transición donde tu niña estará lejos de ti durante una buena parte del día). Te ayudará a saber qué esperar cuando lleves a tu beba a casa, en qué concentrarte durante los primeros diez días (cuando tú y tu bebita son tan "nuevas" la una para la otra), y te permitirá relajarte al descubrir que "Las tres necesidades principales" (comer, dormir y llorar) de tu hija no son tan difíciles como podrías pensar. Luego seguiremos nuestro viaje a lo largo del primer año, vamos a hablar de los diez errores más comunes de los padres primerizos. (No te preocupes, no vamos a burlarnos de ti. Todo padre en el planeta comete una multitud de esos errores. Pero puedes ser inteligente, ya que estar alerta para no cometerlos es tu mejor herramienta para desarrollar un ambiente saludable donde crezca tu hija.)

También vamos a hablar acerca del asunto del trabajo. Para aquellas de ustedes que ya están siguiendo una carrera y estén acostumbradas a trabajar fuera de casa, les sugeriremos algunas cosas en qué pensar al tomar la decisión entre regresar o no al lugar de trabajo, o de trabajar desde casa (además de criar a su hija, el cual de por sí ya es un trabajo de veinticuatro horas, siete días a la semana). Sé que para muchas de ustedes, especialmente para las madres solteras, la decisión de trabajar o no, puede no ser viable. Si quieren proveer para su familia, tendrán que trabajar. Déjenme asegurarles: el material de ese capítulo no tiene el propósito de hacerlas sentir culpables, sino de darles información práctica para ayudarlas a tomar una decisión consciente, la cual será lo mejor para ustedes y su familia a largo plazo.

Si estás casada, vas a encontrar bastante útil el capítulo 7, "Cómo cuidar de tu 'otro hijo'". No, no estamos menospreciando a los hombres (después de todo yo también soy hombre); pero el hombre de tu vida puede estar pasando por una transición mucho mayor de la que te puedes imaginar al convertirse en padre. También te revelaré cómo las características de ser primer hijo, segundo o último, afectan los estilos de paternidad tuyos y de tu cónyuge más de lo que te imaginas.

x

Luego, conforme tu hija crezca, nos zambulliremos en el "Tiempo de aprender a caminar" y te transmitiremos los "Secretos del oficio". ¿Te estás preguntando cuándo es el mejor momento para hablar con tus hijos acerca de sexo? Puedes hacerlo mucho más pronto de lo que supones y, además, hacerlo de una manera adecuada a la edad de tu hija (ve el capítulo 11, "¿De dónde vienen los niños?"). E incluso hablaremos de otras dudas que suelen surgir sobre la marcha y que, probablemente, tengas: *¿Debo tener otro hijo? Si es así, ¿amaré a ese hijo tanto como a la primera? ¿Y cómo va a manejar mi primera hija la situación con el nuevo hermanito?*

Tanto tú como tu primera hija se merecen que investigues todo lo que puedas acerca de este nuevo papel como madre y cómo funcionan los bebés. Así que adelante, ¡zambúllete!

(Nota de traducción y edición: El autor se refiere a lo largo del libro a una niña primogénita, por lo cual se utilizará la palabra "beba" para evitar confusiones de género, ya que la palabra "bebé" en español no tiene femenino. Sin embargo, todas las indicaciones para el cuidado del bebé se pueden aplicar tanto para niños como para niñas, indistintamente. Cuando el autor hable de un niño en general, se utilizará el nombre genérico "bebé" en masculino.)

1

Bienvenida a casa

Muy bien. Lo lograste.

¡Ya eres mamá! Posiblemente sucedió a través de dar a luz, o quizá fue a través de la adopción. Pero la agonía de esperar durante horas de trabajo de parto, o durante meses de trámites, ha culminado finalmente ahora que has llegado a conocer a tu especial tesoro cara a cara. ¡Y en este momento, llevas a esta niña increíble a casa contigo!

Todo tipo de emociones te inundan; tienes una mezcla de gozo y asombro y, si eres inteligente, es muy probable que un poco de temor sano también. Te preguntas, *¿qué tipo de madre voy a ser? ¿Cómo irá a ser esta niña?*

Si la diste a luz por parto natural o cesárea, seguramente asististe a un curso profiláctico, en el cual te vestías de sudadera y ropa deportiva, llevabas tus almohadas y observabas cómo los vientres de tus compañeras de clase se inflaban en proporciones cada vez mayores, hasta pesar más que una bola de boliche. En esas clases, que suelen darse entre semana por la tarde, aprendiste a respirar de diferentes formas, mientras que en los fines de semana surcaste las tiendas para bebés con el propósito de comprar tu primera cuna, la mesita para cambiar pañales y mucha ropa de bebé. Escudriñaste varios libros al derecho y al revés para encontrar justo el nombre apropiado, ya que insistías en que ninguno de tus hijos llevaría alguna vez el nombre de Buford o Betty.

Durante meses, sufriste porque en las noches estabas

inquieta, se te iba el sueño, y todo parecía indicar que el tiempo se había detenido. Seguramente disfrutaste de las calorías extra que podías ingerir, pero podrías habértela pasado muy bien sin los vómitos, la náusea, el dolor de espalda y la inflamación de los tobillos.

Cuando el día por fin llegó, terminaste en una habitación donde cinco personas distintas te decían qué hacer. Pero, no pasó mucho tiempo antes de que descubrieras que tú eras la única en esa habitación que en realidad sentía dolor.

Mientras esperabas que te pusieran "la epidural", apretaste los puños, pensaste palabras que nunca te imaginaste que pensarías, tu garganta se secó como un desierto, y todo lo que te podían dar eran esas ridículas hojuelas de hielo racionadas como si valieran un millón de dólares cada una... y pujabas tan fuerte como podías. (Sucede que también sé que te hubiera gustado golpear a dos o tres de los presentes.)

Pero en el momento en que ese regalo especial de Dios se abrió paso a través del canal del parto y de pronto sacó la cabeza y esos pequeñitos hombros pasaron por tu cuerpo, entonces finalmente escuchaste el deleitoso llanto de tu recién nacida. El doctor le preguntó a tu esposo si le gustaría cortar el cordón umbilical, pero una rápida mirada a la desbaratada figura de tu marido te dejó ver que no estaba en condiciones de hacer nada.

Y cuando te pusieron a esa beba de cincuenta centímetros sobre tu pecho, inclinaste la cabeza lo más posible sobre tu cuello para tratar de ver lo más que pudieras de este nuevo milagro, mientras te decías a ti misma: *Es tan hermosa. No puedo creer que sea mía.*

O, quizá, te volviste madre a través de la adopción. Y pasaste meses investigando a las personas adecuadas que te pudieran ayudar a encontrar a la "niña de tu corazón". Hablaste con cantidad de agencias, con abogados. Agonizabas atormentada por el pensamiento de cómo llegarías a convertirte en madre. Te preguntabas *si* es que alguna vez llegarías a ser madre. Investigaste las opciones locales y las opciones internacionales, y, con esperanza, te las arreglaste para salir a flote en medio de tantos trámites... los suficientes como para marearte por completo. Si tuviste que viajar a otro país, pasaste por revisiones médicas exhaustivas, y recibiste más inyecciones dolorosas de las que quieres recordar.

Luego, toda la actividad febril se detuvo y comenzó la verdadera espera. Aunque no estabas embarazada físicamente, lo estabas *en tus emociones,* esperando anhelante durante meses, o años, a tu hija. Posiblemente, te sentabas en una mecedora, para bordar una colcha de bebé o para soñar, buscando nombres en un libro. O quizá te desesperaste, preocupada de que tu corazón se rompería si nunca pudieras llegar a tener un hijo. Y cuando "la llamada" llegó o recibiste "esa primera dulce fotografía", hiciste lo que no te habías atrevido a hacer antes: compraste una cuna, decoraste el cuarto de la beba, llenaste bolsas de pañales, lociones y todas las cosas esenciales.

Cuando miraste la cara de tu hija por primera vez, viste el cumplimiento de años de esperanzas; la llegada del gozo después del dolor de la esterilidad o los abortos. Y al cargar en tus brazos a esa beba, tu asombro se mezcló con una punzada de dolor: alguien más se había sacrificado para traer a esta niña a tu vida. Al dirigirte a casa, hiciste la promesa de ser la mejor madre que pudieras ser para esta niña verdaderamente especial.

Por eso, sea que haya llegado a través del parto o de la adopción, tu primera hija ha llegado a esta vida por la puerta grande. Ahora la pregunta es: ¿qué vas a hacer con ella?

¿QUÉ HICIMOS?

Y recuerda: la que trajiste a casa no es una niña común. Ella es una primogénita. No es que a los niños subsiguientes les vayan a tocar las sobras, sino que los primogénitos son una raza especial (y, después de todo, ¡son el tema de este libro!). Aunque al ver a tu pequeño manojo de deditos miniatura posiblemente no seas capaz de creerlo, anidada en lo profundo de esa cobija para bebé hay una pequeña jueza Judy o jueza Wapner (*nota del traductor:* ambas son juezas en los Estados Unidos que tienen programas de televisión en los que se muestra la manera en que se resuelven casos reales).

Los primogénitos tienen el talento de sobresalir. Tú ya sabes mucho de ellos. Los has visto en las películas o en la televisión: Sharon Stone, Michelle Pfeiffer, Nicole Kidman, Sandra Bullock, Harrison Ford, Oprah Winfrey, Bill Cosby. Todos ellos son primogénitos. Has leído acerca de ellos en tus libros de historia: George Washington, Jimmy Carter, Harry Truman, Bill Clinton, George W. Bush y toda una multitud de presidentes. Los has visto sobresalir en los negocios (parece ser que casi cada director general es un primogénito) y probablemente has leído algunos de sus libros, como los del doctor James Dobson (de hecho, como él es hijo único, lo llamaremos un ¡súper primogénito!), los del doctor D. Kennedy y William Shakespeare, sólo por nombrar a algunos.

Los primogénitos son los generales de nuestro mundo. Frecuentemente son meticulosos, bastante conscientes de las reglas y, por lo general, son conservadores. Si llegas a tener más de un hijo, es bastante probable que tu primogénita sea la más confiable de todos. Las probabilidades de que se convierta en astronauta, ingeniera o contadora pública son mayores de lo que te puedas imaginar.

A pesar de tus mejores esfuerzos, esta niña recibirá más de tu atención que todos los niños que se unan a tu familia en el camino. Probablemente, tendrás expectativas más altas para esta niña que para todos tus otros hijos juntos (aunque espero que este libro desafíe tu manera de pensar en ese aspecto). ¿Por qué todo esto va a ser de esa manera? Piénsalo. Esta niña, en este momento, es tu única hija. No necesita esperarse frente al televisor mientras que le preparas la cena a otro de tus hijos. Durante uno, dos, tres, o incluso cuatro años (o por toda una vida, si es que tu primogénita se queda como hija única), esta beba te tendrá para ella sola. Todo lo que ella haga será nuevo para ustedes dos. Aplaudirás sus primeros pasos, celebrarás la primera vez que vomite y probablemente tomarás fotografías de su primer baño. Su "álbum de bebé" hervirá de recuerdos y fotografías.

Con el correr de los años, si tienes más hijos, cuando el último devuelva la leche, probablemente te vas a esperar hasta la hora de dormir para cambiarle la camisa o le vas a pedir a tu primogénita que te traiga un trapo. Cuando el niño de en medio comience a caminar, probablemente se lo vas a decir a tu esposo hasta que regrese del trabajo, y es probable que quizá pienses: *Pues, sí, ya era tiempo de que lo hiciera.* Tal vez también le compres un álbum de recuerdos al niño de en medio, pero cuando llegue a la edad de cinco años te vas a sentir culpable por lo delgado y vacío que estará, en comparación con el álbum de la primera.

¿Por qué pasa esto? ¡Porque ya viste todo lo que un bebé puede hacer, una, dos o tres veces!

La atención extra que recibe tu primera hija le da una mentalidad de "desempeño". De inmediato ella aprende que está allí para cumplir con las expectativas. Eso tiene el efecto negativo de crear cierta ansiedad sobre ella, pero tiene el efecto positivo de que realmente va querer agradarte a través de ser sobresaliente. Como consecuencia, ella llevará la responsabilidad y el liderazgo como un confortable par de pantuflas.

Por lo cual, anímate, tienes la oportunidad de criar a una niña que será líder y que hará grandes contribuciones. Yo he criado a tres primogénitos, así que sé de lo que estoy hablando.

LA VIDA CON UN PRIMOGÉNITO

Algunas de ustedes tal vez estén pensando: "Doctor Leman, ¿cómo puede alguien criar a tres primogénitos?".

Nuestra primera primogénita, Holly, fue la que llegó antes que todos los demás niños. Nuestro segundo "primogénito", Kevin, en realidad fue nuestro tercer hijo, pero como fue el primero y único varón, ha tomado muchas características de primogénito. Y nuestra hija más chica, Lauren, quien fue toda una sorpresa, es seis años menor que el último de sus hermanos, lo cual hace que en muchos sentidos ella sea, de hecho, una primogénita. Después de todo, sus hermanos ya iban a la escuela cuando ella nació, así que ha recibido de nosotros toda la atención extra que un primogénito suele recibir.

QUIEREN TENER LOGROS

Les voy a dar un ejemplo de cómo es la vida con un primogénito. Usaré a Lauren para representarlo, ya que Holly tiene treinta años y ya no vive con nosotros.

Justo después de las vacaciones de primavera, estaba llevando a Lauren (quien es una estudiante muy aplicada de tercer año de primaria) a la escuela. Y aunque usted no lo crea, mi hija iba estudiando latín. Aun y cuando como psicólogo he pasado una buena parte de mi vida estudiando la naturaleza humana, tengo que confesar que nunca imaginé que mientras estuviera llevando a mi hija de ocho años a la escuela ella iría leyendo latín en el asiento del frente.

Como era el primer día después de vacaciones, sentí curiosidad por saber qué era lo que Lauren estaba estudiando tanto, así que le pregunté:

—¿Tienes examen de latín?

—No –dijo Lauren– sólo estoy repasando mis verbos.

¡La única vez que yo, el último de varios hermanos, "repasé mis verbos" fue porque el chico rudo del barrio, Wooly Bully Wayne, solía enseñarme palabras obscenas!

Ese es el lado positivo de un primogénito: realmente quieren lograr cosas. Pero ese impulso por obtener logros puede tener un lado negativo también. Cierto semestre, las calificaciones de Lauren de pronto bajaron de 10 a 7. Como no pudimos pensar en nada por lo cual ella se mereciera un 7, mi esposa, Sande, y yo inmediatamente fuimos a la escuela para averiguar qué estaba sucediendo.

Nos reunimos con su maestra y ella nos explicó que en la mesa de trabajo de Lauren por primera vez estaban compitiendo entre ellos para ver quien hacía las cosas más rápido. En el grupo de amigos de Lauren, el primer estudiante en terminar una tarea recibe mucho reconocimiento. Bueno, nuestra hija, por su naturaleza, no es una persona que haga las cosas deprisa. Puede hacer un trabajo excelente, pero no si se apresura. Recuerdo varias ocasiones en las que Lauren trabajó durante tres días o una semana en una tarjeta de felicitación hecha en casa; ella no las produce en cinco minutos como la mayoría de los niños. Pero como primogénita, suele aceptar cualquier tipo de desafío, particularmente aquellos que desarrollan un sentir de estima y logro. Por lo que nos dijo la maestra, Lauren estaba sacrificando su calidad acostumbrada por velocidad, con tal de convertirse en parte integral de su grupo de amigos.

Necesitan aprender que el fracaso es parte de la vida

El primogénito normal quiere sobresalir. Aparte de este deseo inherente en él, hay que tomar en cuenta las expectativas exageradas de sus padres, toda vez que este es su primer hijo. Muchos padres hoy en día intentan levantar su propia autoestima presionando a sus hijos para que triunfen en todo. Piensan que quedar en segundo lugar significa haber perdido el primer lugar; y no se dan cuenta de que todavía están sobre el promedio, lo cual es bastante maravilloso en sí mismo. Los primogénitos rápidamente perciben esta mentalidad y se acoplan a ella; son los abanderados de la familia.

Sin embargo, como veremos más tarde, creo que el hogar debe ser el lugar donde los niños aprendan a fracasar, ya que el fracaso es parte de la vida. No es algo a lo cual temer; es algo de lo cual se aprende. Y luego, se vuelve uno a levantar para seguir adelante. Probablemente, tendrás más dificultades para poner en práctica esta forma de pensar con tu primer hijo que con cualquiera de los restantes.

Son un ejemplo para los hermanos menores (cuando los hay)

También hay otro elemento que hace que los primogénitos sean tan distintos de los otros niños. Como tu primera hija es la mayor, sus hermanos la van a ver con asombro. Yo fui el más chico en mi familia, y siempre quería hacer lo mismo que mi hermano mayor. Él era mi héroe y yo quería ser como él.

El mayor casi siempre es el más fuerte, el más listo y el más alto de la familia. Si tiene varios hermanos, en el momento en que los más chicos lo van alcanzando, ¡él ya se fue de la casa!

Esa es la razón principal para educar bien a tu primera hija. Si sus hermanos van a buscar seguir su ejemplo, es mejor para ti que ese ejemplo sea bueno. Y aunque es probable que al menos uno de sus hermanos finalmente se rebele a su ejemplo, aun así es mejor que ese ejemplo bueno esté siempre presente.

Aunque les doy toda esta información a los padres primerizos en mis seminarios y en mis consultas, muchos todavía caen en el síndrome de los nuevos padres. Y también te va a pasar a ti. A mi esposa, Sande, y a mí nos sucedió. Probablemente vas a esperar demasiado de tu primera hija. Vas a ser más estricta con ella que con todos los demás niños juntos. Sin embargo, es mucho más probable que esta niña finalmente te recompense por toda esa atención.

¡PREPÁRATE PARA LA PEQUEÑA TIRANA!

Si eres madre soltera, hace dos meses, estabas sola, o si estás casada, hace dos meses estaban solos tú y tu esposo.

Si eres madre soltera, estás acostumbrada a tomar tú sola las decisiones; le pides consejo a otros, pero luego tú tomas la decisión final. Si estás casada, formal o informalmente, ambos se han puesto de acuerdo sobre quién tiene cierto tipo de poder o influencia en las decisiones de la familia. Como la mayoría de las parejas, ya te has acostumbrado bastante a este arreglo. Se han establecido las normas y ambos comprenden la manera en que funcionan, y han llegado a tener cierto estado de paz.

Todo eso está a punto de cambiar.

ELLA VA A TOMAR EL CONTROL DE TU VIDA

Esta niña, tan inocente como parece, y tan dócil como aparenta, inmediatamente comenzará a formular un plan de acción para tomar por completo el control de tu vida, de tu casa, de tu chequera y de cada segundo de tu día. No estoy bromeando ni estoy exagerando. Así es la naturaleza humana. Tu hija va a tratar de encontrar la manera de manipularte. Consciente o inconscientemente, ella va a investigar qué botones necesita presionar para que hagas lo que ella quiere.

¿Te motiva el temor? Ella va a aprender a aprovecharse de eso. ¿Te rindes delante de las quejas constantes? Ella se va a dar cuenta muy pronto. ¿Te persuade la rebelión hostil? Si es así, ella va a intentar comportarse así todo el tiempo.

VA A TENER UN FUERTE SENTIDO DEL ORDEN

Siempre vas a estar teniendo una lucha de poderes con esta niña. Por naturaleza, los primogénitos tienden a ser una raza muy meticulosa. Holly no aceptaba que yo le dijera: "Mi amor, nos vamos a ir alrededor de las nueve, prepárate". Cuando así le decía, ella me replicaba: "¿Cómo cuánto tiempo después de las nueve? ¿O nos vamos a ir antes de las nueve? ¿Qué quieres decir con *alrededor de* las nueve?".

Tuve que aprender a decir: "Holly, nos vamos a las 9:05".

Y a las 9:06, yo recibía un firme recordatorio: "¡Papá, estamos retrasados!".

Los primogénitos necesitan el orden. Les gusta estar a cargo, y por alguna buena razón, ¡siempre lo están!

VA A DIRIGIR LA MANADA Y VA A RESOLVER TODO

El asunto es así: tengo un amigo que corre maratones y carreras largas. Una vez le quise señalar que el maratón se llama así gracias a que cierto mensajero corrió cuarenta y dos kilómetros, entregó el mensaje y luego cayó muerto, pero mi amigo no entendió la indirecta. Por el contrario, como es un corredor profesional, tiene que hacer algo de lo cual la inmensa mayoría de personas que empieza a correr no se preocupa: tiene que conocer la ruta. Cuando existe una buena posibilidad de ir al frente de la carrera, no se puede seguir a los demás. La mayoría de los corredores pueden llegar sólo diez minutos antes de que comience la carrera, pues saben que siempre va a haber personas adelante de ellos que los guíen al final de la ruta.

Mi amigo maratonista necesita conocer la ruta con anticipación porque está desempeñando el papel de un primogénito. Ellos se quedan a cargo de sus hermanos por el resto de su vida. Cuando traigas a casa al bebé número dos, tres, cuatro (¡todavía no te asustes que no hemos llegado a mi número de hijos!), cinco, cada uno de esos niños puede ver a su alrededor y saber qué es lo que se espera de ellos y darse cuenta de cómo funcionan las cosas. Tu primera hija nunca va a tener eso. Cuando tu primogénita ve a sus hermanos, está pensando: *Eso ya lo hice, eso ya lo sé. Conozco esta casa. Conozco a estos padres. Ya tengo todo resuelto.* No tienes que nombrarla como la persona a cargo, ¡simplemente ella asume esa posición!

Como los primogénitos funcionan bajo el concepto de que

están a cargo, tienden a ser tercos. Aunque Sande y yo todavía no podemos entender cómo lo hizo, en una ocasión en que estábamos retrasados en nuestro horario, Holly se las arregló para hacer un "salto con garrocha" y salió volando por encima de la cuna, porque no la habíamos ido a levantar.

Pero Lauren, nuestra hija más chica, ¡se hubiera quedado feliz en su cuna hasta los cinco años! Lauren nació en agosto. Nosotros pasamos el verano en el estado de Nueva York, así que la primera "habitación" de Lauren fue un vestidor de cuatro por tres. Le encantaba estar allí. En la mañana la pillábamos hablando sola, cantando y haciendo ruidos, tan feliz y contenta como uno puede encontrar a un bebé. Si regresábamos una hora y media más tarde, ella seguía entreteniéndose placenteramente.

Pero, si hubiéramos intentado eso con Holly Leman (dejarla en un vestidor durante una hora o más), nuestra primogénita en cinco minutos se las hubiera ingeniado para quitarle las bisagras a la puerta y en diez minutos hubiera encontrado la manera de llamar a la policía. Y yo estaría escribiendo este libro desde la cárcel, porque Holly se habría conseguido al mejor abogado de la ciudad.

SIEMPRE HAY UNA PRIMERA VEZ

En este momento algunos de ustedes se están preguntando con escepticismo: "¿De veras los primeros hijos son *tan* diferentes de los de en medio y de los últimos?". Para empezar, ¡piensa que tu primera hija tiene tanta experiencia como bebé, que tú como madre! Cuando el segundo llega, tú ya has sido mamá durante por lo menos dieciocho o treinta y seis meses, o más. Pero esta primera hija está empatada contigo desde el momento en que llega.

Esa posición le permite jugar algunos "juegos" divertidos. Holly era maestra para eso. Cuando tenía sed, si le traía agua del grifo del baño, ella insistía en que quería agua del de la cocina; si se le traía agua del de la cocina, Holly por supuesto quería el agua de la llave del baño.

¿Crees que cometí el mismo error con Krissy (nuestra segunda hija)? ¡Ni pensarlo! Krissy nunca supo de dónde venía el agua. Cuando llegó mi segunda hija, yo ya había aprendido que no debía explicar demasiado las cosas, si es que quería evitar otra lucha de poderes.

Pero, por favor, no veas estas características de los primeros hijos como algo negativo; tienen muchas cualidades positivas. Como ya lo mencioné, un número abrumador de líderes en nuestra sociedad, funcionarios del gobierno, directores de empresas y profesionales son primogénitos. Tu primera hija probablemente te sorprenda con su espíritu emprendedor.

Me acuerdo de aquella vez cuando Holly decidió retirarse del jardín de niños. Ella había disfrutado los primeros meses hasta que algunos pedagogos de trato muy fino decidieron transformar lo que había sido una buena escuela en un "centro de aprendizaje experimental". No pasó mucho tiempo antes de que Holly se hartara de esta tontería. Una noche anunció de manera tajante que ya no iría a la escuela.

—Pero, mi amor, tienes que ir al jardín de niños –le dije.

—Pero ya no me gusta la escuela –respondió.

Lo que Holly no sabía es que su mamá y yo ya habíamos tenido varias conversaciones serias acerca de nuestras crecientes preocupaciones con la escuela. Sin embargo, por diversión, decidí continuar esta conversación con Holly para ver hasta dónde la llevaría ella.

—Holly, si no vas a regresar a la escuela, tienes que llamarlos y avisarles. No puedes dejar de ir así como así.

Holly apenas tenía tres años en ese momento, no lo olvides.

—Pero papi –dijo Holly–, no conozco su número telefónico.

Yo, como psicólogo con un doctorado, y como el padre de Holly, no me iba a rendir delante de una niña de tres años. Así que gracias a mis vastas cantidades de entrenamiento y estudio, deduje que debía aceptar su desafío. Decidí forzar el asunto y le di a Holly el número.

Bueno, pronto aprendí que uno no debe hacer cosas así con una niña como Holly. ¡Llamó a la escuela! ¡A los tres años!

—Hola, habla Holly Leman, ya no voy a seguir yendo a la escuela.

¡Entiéndelo, escuela, yo estoy a cargo! Eso es exactamente lo que

ella estaba diciendo. Lo cual, provocó que yo como padre tuviera que dar muchas explicaciones.

Te cuento todo eso para decirte que necesitas prepararte para criar a tu primera hija. Los primeros hijos son desafiantes, pero en muchas formas envidio lo que estás a punto de vivir. He disfrutado completamente a Holly, así como a mis otros dos hijos que tienen características de primogénitos. Los primeros son niños desafiantes, pero también son brillantes y excepcionales. ¡Pueden ser una gran alegría!

¿YO? ¿CAMBIAR AL MUNDO?

La verdad es que si crías bien a tu primera hija, vas a cambiar el mundo. Y eso no es una exageración. La seguridad de ser la primogénita, aunado a una experiencia positiva con los padres, suele resultar en una niña que hace del mundo un lugar bastante diferente. Posiblemente se convierta en maestra, en presidenta de una empresa, en una madre bastante responsable o en presidenta de la nación; pero puedes apostar a que va a lograr algo. Los primogénitos tienen muchas más probabilidades de tener éxito, de ser independientes financieramente, e incluso de cuidarte cuando estés viejo.

Algunos meses después de haber traído a esta niña a casa, serás tentada a volver a la "normalidad", a tratar de hacer que las cosas vuelvan a como eran antes de que esta niña llegara. Por favor, no lo hagas. Invierte todo lo que puedas en ella. Dale todo el amor que necesita, el tiempo que merece, y haz todo lo que puedas para estar presente cuando te necesite. Tu decisión de ser mamá significa que necesitas hacer algunos sacrificios para poder cumplir con la responsabilidad añadida de una hija. Pero, por favor, date cuenta de que criar a esta niña es la tarea de mayor influencia que puedes lograr; y un verdadero regalo que puede cambiar al mundo de formas que nunca imaginaste.

¡Tienes una gran aventura delante de ti!

2

Los primeros diez días

El objetivo de tu plan de acción para los primeros diez días con tu hija es muy sencillo: sobrevivir.

Si la diste a luz, tu cuerpo acaba de pasar por un maltrato tal que haría que el Maratón de Boston o el Tour de Francia parecieran como un juego de niños. No sólo terminaste cansada de nueve meses de embarazo, sino que además pasaste por la larga prueba del parto. En el hospital, la gente fue a visitar a tu beba y te trajo regalos y flores. Trataste de estar tan presentable como te fue posible, e intentaste atender a todos los visitantes bien intencionados cuando lo único que querías hacer era dormir.

De pronto, sales del hospital con una pequeña bolsa de pañales y una beba. Y te sientes abrumada. No sólo te estás recuperando apenas del gran viaje que hizo tu pequeño regalo a través del poderoso Mississippi (mejor conocido como el canal del parto), sino que además estás sintiendo la presión de querer ser la mejor madre del mundo. Amas a esta niña intensamente, pero al mismo tiempo estás completamente exhausta, y un poco más que asustada.

Si escogiste a tu beba a través del proceso de adopción, posiblemente recibiste o a una recién nacida, o a una niña de dos años o, incluso, a una niña mayor. Quizá conociste a tu hija en un hospital local justo después de que nació, o tuviste que ir a un pueblo cercano o volaste miles de kilómetros a un país extranjero. Así que estás bastante emocionada, ya que después de haber pasado por todos los trámites, tus sueños están a punto de volverse realidad. Finalmente, vas a conocer a tu hija. Has pasado meses o años preguntándote cómo será. Y ahora, de pronto, estás un poco asustada.

Como madre primeriza, estás tratando de aprender un nuevo idioma: tazas entrenadoras, chupetes, trapitos para el vómito (¿quién iba pensar siquiera en ser dueña de ¡uno! de estos trapitos?, ¡mucho menos de varios!), asiento de niño para el automóvil, cochecito de bebé, etc. Con alegría, has puesto tu ropa de "lavar en seco" en el armario del desván. Has pasado días en las tiendas para bebés, tratando de adivinar la talla del nuevo miembro de la familia y de traducir el misterio de los "kilogramos" o "años", sugeridos en las etiquetas, a una forma y a un tamaño de cuerpo reales.

Si has traído a tu beba de otra latitud, también estás físicamente exhausta. Ella está acostumbrada a cierto horario; tú estás en otro completamente distinto. Su noche es tu día y tu día su noche.

Cuando llegaste a casa te rodearon varios visitantes bien intencionados, que estaban emocionados por ti y querían ver a tu niña. Antes, pensabas que ibas a estar muy feliz de presumirla. En este momento, lo único que quieres hacer es enrollarte en las cobijas, acurrucar a tu hija, quien por fin está en tus brazos, y dormir.

Tu mente está llena de preguntas: *¿Seré una buena madre? ¿Podré darle lo que necesita para desarrollarse física, emocional y espiritualmente? ¿Podremos ella y yo establecer rápidamente una buena relación? ¿En qué se parecerá a mí? ¿Tendrá el mismo amor por la música? ¿Mi sentido del humor?*

RESPIRA PROFUNDO

Si recibiste este regalo a través del parto o en adopción, te tengo una sugerencia: Durante los primeros diez días, sólo concéntrate en ser una *buena* madre, y no en la *mejor*. Seamos honestos: no estás a tu máxima capacidad. Estás cansada, adolorida, te hundes en un mar de emociones y, si acabas de dar a luz, tus hormonas están desenfrenadas. Cuando las mujeres que son mamás por primera vez se presionan demasiado y piensan:

¡Voy a ser la mejor mamá que haya existido!, se están preparando para sentirse culpables y fracasadas. ¿Y quién necesita eso?

Por eso, respira con calma, tranquilízate. La maternidad se trata de décadas, no de días. Vas a enfrentar el agotamiento y el estrés en el futuro inmediato (¡bueno, está bien: durante los siguiente veinte años, más o menos, o hasta que tu hija se vaya del nido y se independice!), así que si no te cuidas, vas a terminar muy mal. El que te tomes un descanso ligero de diez días no va a echar a perder el desarrollo intelectual de tu hija, su adaptación social o su autoestima. Olvídate de todos los "debes hacer esto" de la maternidad y tómate tu tiempo para descansar y relacionarte con tu hija.

En otras palabras: No tienes que ocuparte de nada. ¿Qué tal eso? ¿Te sientes mejor? Déjame decirlo claramente: No me importa si la casa se ensucia un poco. No me importa si la ropa sucia forma una columna hasta el techo. No me importa si no estás llevando a cabo los ejercicios para el "desarrollo cerebral" de tu beba. Quiero que descanses, te relajes, disfrutes a tu nueva hija y comiencen a relacionarse como una familia. Quiero que puedas dormir tanto como puedas, lo cual significa que tendrás que aprender a dormir mientras tu beba esté dormida.

De hecho, déjame darte la receta del doctor Leman: Cuando la beba se quede dormida, no te conviertas en un tornado, y restriegues los pisos tratando de que todo quede perfecto. En lugar de eso, concéntrate en reenergizar tu propio cuerpo. Tómate el tiempo de descansar también. Debes dormir muchas pequeñas siestas.

Te vas a sentir tentada a ponerte al día con la ropa sucia o a lavar los pisos cuando tu ángel tome una siesta, pero resiste la tentación. Duerme tú una siesta al mismo tiempo que ella. Si te sientes verdaderamente descansada, date permiso de tomarte una taza de café "gourmet" mientras lees una novela o una revista. Date tiempo de recuperarte; has pasado por tantas cosas, y un camino largo te resta. Pero no es un camino imposible de recorrer, aun y cuando lo sientas así en los momentos en los que estés exhausta y abrumada. ¿Y, además, sabes qué? La maternidad también puede ser bastante divertida y gratificante.

SE ACABÓ LA PRESIÓN

Los padres primerizos tienden a exagerar. Leen todos los libros acerca del tema, investigan mucho, peinan las tiendas para ver los productos que a su hijo "no le pueden faltar", y entrevistan a todos los padres que haya a su alrededor acerca de sus experiencias. Consiguen los discos de Mozart y Shakespeare para el "desarrollo cerebral" del bebé, compran jabón antibacterial (para que se lave las manos cualquiera que pudiera llegar a tocar algo que el bebé pudiera llegar a tocar) e invierten miles de dólares en corrales, mesas para cambiar pañales, cunas de seguridad y en juguetes probados, aprobados y vigorosamente inspeccionados. Siguen a pie juntillas el programa de diez pasos para cambiar al bebé, con limpiador orgánico, enjuague anti-gérmenes, talco hipoalergénico para prevenir rozaduras, y quién sabe cuántos ungüentos más; todo, con el fin de mantener sus pompitas funcionando. (Pero déjame decirte algo: las pompitas de tu beba son un instrumento bastante duradero. Seguro que por higiene es bueno que se las limpies de vez en cuando, ¡pero Dios no diseñó algo que se va a descomponer luego de cincuenta cambios de pañales si no le pones los ungüentos, aceites y talcos especiales que cuestan más de quinientos dólares para mantenerlas en funcionamiento!)

Durante los primeros días de vida, sólo ocúpate de lo básico: Tu beba va a dormir, va a comer, va a evacuar y se va a volver a dormir. Todas estas cosas son los actos más naturales del mundo para un bebé. ¿Y adivina qué? ¡No tienes que dirigir ninguno de ellos! Son, gracias a Dios, cosas que suceden de manera natural.

Por lo tanto, no hagas de lo simple algo confuso. Cuando tu beba se moje, cámbiala. Si se te olvida, probablemente ella te lo recordará; y en alta voz. Si tienes una bebita inusualmente calmada y no llora para recordarte el asunto y sus pompis se rozan de vez en cuando, hay ungüentos que se encargan de resolver el problema. Tu hija no va a quedar marcada de por vida por rozarse de vez en cuando (¿además, quién la va a revisar cuando comience a ir a la secundaria?).

En otras palabras, se acabó la presión. Las cosas biológicas más importantes que tu hija necesita hacer: comer, dormir y evacuar, van a suceder de manera natural. Por siglos, los padres que nos precedieron no tuvieron ninguno de los lujos ni el conocimiento que tenemos ahora. No tenían jabón antibacterial ni pañales desechables y, en muchos casos, ni siquiera agua caliente. No tenían biberones con pezones especialmente diseñados para adaptarse, sin sufrir daños, a los dientes en crecimiento del bebé. Sin embargo, a pesar de todo lo que no tenían, sus bebés no sólo sobrevivieron, sino que florecieron estupendamente.

Quizá estés pensando que no sabes mucho, pero te apuesto a que sabes más que las mamás de los siglos pasados. Y las buenas noticias son que dentro de algunos días, te vas a convertir en casi una experta, y vas a tener la capacidad de comprender a tu pequeña hija. De hecho, vas a entenderla mejor que nadie en el mundo. Vas a saber lo que necesita sólo por el sonido de su llanto. Vas a ser capaz de percibir lo que quiere mejor que nadie más, incluyendo a tu doctor.

UNA RELACIÓN A LA MEDIDA

Sólo tienes una oportunidad para darle la bienvenida a tu hija a este mundo y a tu hogar, así que aprovéchala bien. A un bebé no le importa que le des tanto valor a una casa limpia, a cierto estilo de preparación de alimentos, a la ropa planchada o a ver televisión. Lo único que sabe tu beba es que quiere estar contigo; y se va a poner molesta si estás demasiado ocupada o distraída con otras cosas.

Ya mencioné que los tres actos biológicos más importantes (comer, dormir y evacuar) van a suceder naturalmente, pero existe un acto de relación bastante importante. Se llama: establecer el vínculo. Este es un tiempo para que tú y tu hija se conecten física, emocional y espiritualmente.

ACÉRCATE, PIEL A PIEL

Uno de los ejercicios de relación más poderosos entre una madre y su bebé fue diseñado por Dios mismo: amamantar. No existe un lugar más cómodo o cálido sobre esta tierra para un bebé que acurrucarse en el regazo de su madre cerca de sus pechos. ¡Y la comida es gratis! (Algo que ciertamente no vas a poder volver a decir en la vida de tu hija, especialmente durante los hambrientos años de la adolescencia y la juventud.)

Si la diste a luz, espero que aproveches esta maravillosa oportunidad de relacionarte con tu hija al máximo. Si no puedes amamantarla por alguna razón, o si recibiste a tu hija en adopción, no te desanimes. Puedes hacer que la experiencia de alimentarla con biberón sea una experiencia lenta, sin prisas e íntima. Levántate la blusa para que tu beba pueda disfrutar de tu piel. Nada se siente mejor que la piel; ni siquiera el algodón de primera calidad con una etiqueta que diga GAP, Oshkosh o Ralph Lauren. Mira a los ojos a tu beba, cántale, háblale, ríete con ella (a los bebés les encanta el sonido de la risa). Evita caer en la trampa de usar el momento de alimentarla (cuando no te puede interrumpir por tener la boca ocupada) para ver la televisión, hablar por teléfono o hacer algo más. Aprovecha cuando esté dormida para estas distracciones.

18

¡"CÍÑETE" TU BEBÉ!

Para establecer fácilmente ese vínculo, tienes otra gran oportunidad (más fácil de llevar a cabo en esta época que nunca antes): mantén a tu beba contigo tanto como puedas. En mi época solíamos poner a los bebés en corrales de juego o en asientos para bebé. Hoy en día, gracias a Dios, hay varios tipos de armazones que te permiten virtualmente "ceñirte" al bebé. Estas son buenas ideas. He visto que algunos de estos dispositivos permiten que tu beba descanse, sentada contra tu pecho, y otros que permiten que se acueste sobre un cabestrillo bellamente decorado. Y cuando crezca, puedes conseguir armazones más grandes para llevarla en la espalda durante tus caminatas. Si recibiste en adopción una "beba mayor" o una niña de dos años o más, aparta mucho de tu tiempo para acurrucarte con ella. Cárgala cerca de tu pecho tanto como puedas y mécete a menudo con ella en tu regazo. Cualquier inversión que hagas para mantener a tu hija cerca de ti te va a dar ganancias infinitas en la relación física y emocional que logren tener.

Cuando compres el cochecito de bebé, considera la opción de comprar uno que te permita ver a tu beba, en lugar de uno donde vaya viendo en la dirección contraria. Si te alcanza el dinero, posiblemente quieras comprar uno de cada uno. Tu hija se va a familiarizar con el mundo muy pronto; pero en los primeros meses está tan interesada en ti como en cualquier cosa que vea en la calle.

Aprovecha al máximo el momento de irse a la cama o de despertar

Para establecer el vínculo entre ustedes, hay otros dos momentos hechos a la medida: el momento en que tu beba se despierta por la mañana y cuando la acuestas a dormir por la noche. Piénsalo: ¿En qué soñarías más seguido si vieras la misma cara sonriéndote cada noche justo antes de dormir, y después saludándote al abrir los ojos en la mañana? Tal constancia provee un fundamento firme para la seguridad de tu hija.

19

No soy médico, pero mi entrenamiento como consejero me da cierta autoridad para hablar de esto: psicológicamente, tu hija se beneficiará bastante de que dediques estos primeros días a relacionarte con ella sin prisas, particularmente antes de dormirla. A algunos niños incluso les gusta acurrucarse con sus padres en el momento en que despiertan. Realmente no hay ningún sustituto, ni ninguna cantidad de tiempo de "calidad" que pueda reemplazar estas ventanas de oportunidad ideales.

Enamórate

El proceso de establecer este vínculo no es complicado, es algo natural. Cada vez que hablas e interactúas con tu beba, estableces ese vínculo. Te estás enamorando de tu bebita; y ella se está enamorando de ti. Si le soplas en la barriga para hacer sonido de trompetilla, le tocas los dedos de los pies y le hablas mientras le cambias el pañal, o le cantas suavemente cuando la acuestas a dormir, estás aprovechando momentos preciosos de establecer un vínculo entre ustedes.

Resístete a caer en la "trampa de la prisa"

Desde esta temprana edad, tu hija está constantemente observándote y tomando notas emocionales acerca de cómo la tratas. Así que resiste a la tentación de caer en la trampa del estilo de vida occidental apresurado. Los niños son muy sensibles al rechazo; tienen cierta manera de percibir cuando estás tratando de hacer que se duerman antes de tiempo porque tienes otras cosas que hacer.

Algunas de ustedes quizá se estén preguntando: "Pero doctor Leman, ¿qué quiere decir con 'antes de tiempo'? ¿Cuánto tiempo debo esperar antes de tratar de volver a dormir a mi bebé?

Este libro no está lleno de tablas y esquemas por una buena razón: Soy un gran propulsor de dejar que tu hija sea única. Pregúntale a cualquier madre que tenga un par de hijos de edad preescolar y ella te va a decir que cada niño es diferente. ¿Existe una hora que sea la mejor para acostar a dormir a tu hija una siesta o toda la noche? Por supuesto que sí. ¿Cuál? ¡Eso depende de tu hija!

Por eso, establecer este vínculo es tan crítico. Cuando llegues a conocer a tu hija, ella te dará señales de cuándo se siente somnolienta. Algunos bebés se frotan los ojos, otros comienzan a quejarse cada vez que los mueven o los tocan, otros se dan a llorar a gritos. Al ir conociendo a tu beba, vas a aprender a leer estas señales antes de que el asunto se convierta en una confrontación mayor. Entre mejor conozcas a tu beba, mejor serás para acomodar el tiempo apropiado para esos eventos importantes como comer y dormir. Si te preparas con anticipación a esos momentos, vas a evitar muchas confrontaciones potenciales que puedan surgir en los meses por venir.

El tiempo no tiene sustitutos. Tienes que tomarte el tiempo de aprender a descifrar las señales de tu hija. Cualquier otra cosa, como las altas pilas de platos sucios, las pelusas de polvo en los rincones y contestar llamadas telefónicas y mensajes electrónicos, puede esperar.

EL FACTOR RUIDO

¿Qué es lo primero que hacen los padres primerizos cuando llevan a su hijo a casa por primera vez y se queda dormido? Se ponen un dedo en los labios y dicen: "¡Shh! Está dormido". Así que lo acuestan suavemente en su cuna, lo arropan, se salen de la habitación y cierran la puerta silenciosamente. Luego, pasan el resto del tiempo de puntillas para no hacer ruido mientras descansa. Incluso cuando está despierto, les da miedo asustarlo con algún ruido.

La mayoría de los padres primerizos tratan a su recién nacido así, como si el niño fuera muy frágil. Hablan con susurros y su casa se vuelve tan silenciosa como una tumba. Se molestan cuando suenan el timbre o el teléfono. Dudan incluso en levantar los platos de la mesa ya que eso podría "despertar al bebé".

Sin embargo, todos los bebés necesitan acostumbrarse a cierto ruido "normal casero". Eso significa que tú como madre debes llevar a cabo tus actividades normales. Piensa en el ruido que generen esas actividades como algo benéfico, puedes decir algo así: "Mamá necesita aspirar el piso en este momento porque está bastante sucio y necesita que lo limpiemos. La aspiradora hace un ruido zumbante chistoso. ¿Quieres oírlo?". Luego, enciende la aspiradora y muéstrale como funciona. Incluso puedes decir algo como: "Cuando seas grande me vas a poder ayudar, ¡y eso te va a encantar!". Por supuesto que un recién nacido no va a entender esta conversación, pero el tono alegre y agradable de tu voz le va a comunicar información crítica a tu hija acerca del ruido. Los niños necesitan aprender que el ruido no es algo que deban temer; sino que es parte de la vida. Todo niño va a escuchar el tintinear de los platos, el rugir de la aspiradora, el retumbo del trueno y el crujir del relámpago; y si tú le describes todo esto como una parte normal de su vida, no va a relacionar esos ruidos con miedo.

Una mamá que tenía bebés mayores de dos años le dio un buen uso al "factor ruido". Cuando sus hijos decidieron tener una competencia de gritos dentro del coche, para ver quién podía gritar más fuerte (y estaban en la edad en la que no sabían realmente qué tan fuerte gritaban), ella encendió el radio y le subió tanto al volumen que sus hijos se taparon los oídos.

—¡Mamá! Está demasiado fuerte –dijeron al unísono.

Sonriente, le bajó el volumen al radio y luego sabiamente les dijo:

—Bueno, eso es lo que pienso de su competencia de gritos: Demasiado fuerte.

Los niños, asombrados, se miraron el uno al otro y dijeron:

—Entonces vamos a hablar en nuestra voz *normal.*

Los niños son listos. Entienden lo que les quieres decir. Y también saben lo que *no* estás diciendo, al observar tu reacción.

No andes de puntillas por la casa, temerosa de hacer ruido. El ruido es parte de tu vida diaria. Ahora bien, ¿esto quiere decir que vas a andar haciendo sonar un tambor de juguete en el oído de tu hija a propósito? Claro que no. Pero entre más pronto se acostumbre tu beba al ruido, más fácilmente se ajustará a la vida en tu hogar.

UNA TAREA PARA TODOS LOS PADRES

Los primeros diez días todos los padres van a estar muy ocupados, pero quiero darte una tarea adicional, bastante importante. En algún momento, durante las primeras dos semanas de que haya llegado tu hija, quiero que salgas a cenar con tu marido, y dejes a la beba en casa. Si eres madre soltera también es importante que apartes un momento para estar con tus amigos; lejos de tu hija.

Para algunas de ustedes, esto va a ser lo más difícil que un doctor les va a pedir que hagan. Después de todo, has esperado y anhelado durante años a esta beba. Y ahora que ya está en tu casa quieres estar cerca, para protegerla y seguir relacionándote con ella. Quieres que sienta constantemente que tu amor la rodea. Pero también es vital para tu propio bienestar y para la salud a largo plazo de tu familia (y, en realidad, para toda la vida de tu hija), que te tomes un poco de tiempo para ti. Para empezar, esto establece la norma de que mamá no siempre va a estar allí; tu hija necesita aprender que tienes otras cosas que hacer además de atenderla.

Segundo, si estás casada, salir con tu marido desde el principio refuerza la importancia de que ambos sigan trabajando en su relación. Una de las mejores cosas que puedes hacer por tu beba es comprometerte a que tu matrimonio funcione. ¿Quieres que tu hija crezca en una familia en que papá y mamá son casi extraños entre ellos? ¿Quieres que tu hija crezca y piense que mamá y papá apenas se toleran entre sí, y eso cuando tienen un buen día? ¿O quieres que tu hija imite en su matrimonio la relación que presenció en casa porque un día se dijo a sí misma: *Espero que mi matrimonio sea tan bueno y tan lleno de vida como el de mis padres?*

Pero yo ya conozco la excusa que vas a dar para zafarte de esta tarea, porque antes la he escuchado varias veces: "Es que no hay nadie 'calificado' para cuidar a la beba". Por supuesto, tu primera reacción es querer tener a alguien con un doctorado en enfermería y, además, con una maestría en psicología infantil. Pero casi cualquier adulto responsable puede hacerse cargo de ella durante dos o tres horas, y ese es todo el tiempo que te voy a pedir que la dejes sola. No es buena idea que la dejes con alguien que apenas esté incursionando en este negocio; no es el momento de probar a una muchacha de trece o catorce años que esté aprendiendo a ser niñera; déjala con un adulto maduro. Una tía, una abuela, un abuelo o una vecina cuidadosa lo pueden hacer muy bien. Si sincronizas bien tu salida, probablemente logres que la beba esté dormida la mayor parte del tiempo.

Para las parejas casadas, parte de su tarea es comenzar su salida con la declaración: "Hablemos de nosotros". Al principio esto puede ser algo difícil de hacer; pero ustedes definitivamente deben continuar desarrollando su vida de pareja. He visto dos desafíos muy grandes que enfrenta el romance marital; el primero, viene justo después de la boda; y el otro, justo después de que el primer bebé llega a casa. ¿Por qué? Algunas parejas, en cuanto se comprometen a casarse dejan de hablarse el uno al otro y pasan todo el tiempo planeando la boda. Entonces, una vez que la boda se celebra, ¡ya no tienen nada de qué hablar! Y los padres primerizos muchas veces se pierden en sus hijos, haciéndose lentamente cada vez más extraños entre ellos. Hablan acerca del cuarto del bebé, del parto que se aproxima, del informe de adopción, de cómo les fue en el hospital o de las cosas que hizo el bebé por primera vez durante el día. Ese es el motivo por el cual los consejeros, hablamos un *poco* en broma, de la "idolatría del primogénito".

23

Las que piensen que no pueden dejar solo a su bebé, o que saben que no pueden dejar de hablar de él cuando salen a pasear con su marido, necesitan algunos consejos de alguien que ya pasó por eso. Créeme. Dentro de tres años, si eres inteligente, tú y tu esposo se las van a arreglar para salir solos durante todo un fin de semana. Al acercarse el viernes, ambos van a estar tan emocionados como dos chiquillos. Aunque se te encogerá el corazón un poco cuando tu marido y tú se vayan alejando del lugar donde dejaron al pequeño Buford o a la pequeña Betty (si te estás diciendo a ti misma: *Oye, creí que ya habíamos quedado en que nunca le llamaría así a mis hijos,* felicidades, ¡eres una lectora cuidadosa!), vas a decir algo como: "¡No puedo creer que vayamos a estar solos durante tres días completos!".

Y cuando lleguen al restaurante, ambos se van a mirar como si supieran lo que el otro está pensando, quizá se pongan a jugar con sus pies debajo de la mesa y disfruten de una cena divertida sin tener que cortarle a alguien más la comida en pedacitos para que pueda llevarlos a la boca. Por primera vez en meses, podrán hacer el amor antes de las nueve de la noche, sin preocuparse de que alguien en la casa va a escuchar lo que están haciendo.

Por supuesto, después de su interludio romántico va a llegar la hora en que van a mirar el reloj y van a decir: "Me pregunto si Betty está bien... ¿Crees que sea buena idea llamar a casa?".

La verdad es que nunca te vas a alejar demasiado de tus hijos, por lo menos no emocionalmente (nos succionan, incluso cuando estamos a cientos de kilómetros de distancia) pero eso no debe detenerte de trabajar duro para apartar tiempo para tu matrimonio. Al final de ese fin de semana maravilloso, si somos honestos, apenas vas a poder esperar para poner tus manos sobre tu pequeña y ver esa feliz sonrisa traviesa otra vez. Tu corazón casi va a reventar de lo mucho que la habrás extrañado. Esa es la naturaleza de ser padres: tener el corazón entrelazado con el de tu bebé. Y por eso, es especialmente importante que desde el principio sienten el precedente de pasar tiempo a solas como pareja.

No olvides lo que te dije antes: la maternidad se trata de décadas no de días. Es peligroso para el bienestar de tu familia que pongas tu matrimonio en pausa mientras crías a tus hijos. Una de las peores cosas que le pueden suceder psicológicamente a un niño es sufrir el doloroso divorcio de sus padres. Así que le están haciendo un favor a su beba al dejarla sola el suficiente tiempo como para atender sus necesidades matrimoniales.

TODO CAMBIA

La mayoría de nosotros conocemos el sentimiento de ir conduciendo por la autopista y, de pronto, ver aparecer delante de nosotros un par de luces rojas de freno, ¡y frenar con todas nuestras fuerzas para detenernos a unos pocos centímetros del coche de enfrente! Ese es un estrés inmediato de breve duración que todos nosotros enfrentamos de vez en cuando, y nuestro cuerpo está bien equipado para manejar la súbita descarga de adrenalina. Veinte minutos más tarde, nuestro cuerpo vuelve a su estado normal. Ese no es el tipo de estrés que *va* a dañar nuestro cuerpo a largo plazo.

Irónicamente, el nivel de estrés que te puede matar es el de tipo lento, que se escurre por todos lados y no se puede mitigar: el perro del vecino que no deja de ladrar y te mantiene despierto noche tras noche; sentimientos de constante impotencia en el trabajo, donde siempre tienes más trabajo que hacer que tiempo para terminarlo; un resentimiento constante por una relación personal. Esos no son tan intensos como el pánico que se siente cuando casi nos sucede un accidente; y no aceleran tanto nuestro corazón. Pero el estrés producido por estas frustraciones es bastante real, y mucho más dañino para tu organismo.

¿Cuál crees que sea el tipo de estrés que es más probable que aparezca en la maternidad? Es correcto, el del tipo más letal.

Este es el problema: Si tú como mujer, te pareces en algo a Sande Leman (mi esposa), te puedes ir de compras por horas interminables. Puedes estar de compras todo el día. De hecho, si traes los zapatos adecuados, has tomado suficiente café y una dosis ocasional de chocolate, puedes estar de compras todo el fin de semana. Pero si a tu coche le dejaras las luces encendidas durante todo ese tiempo, ¿le duraría la batería?

25
····

Por supuesto que no. Si dejas las luces encendidas, no importa qué tipo de acumulador tengas, se le va a acabar la energía en cierto momento entre que sales de la tercera tienda para entrar a la cuarta.

Si eres madre, es lo mismo: sólo puedes soportar poco. Olvídate de lo que podías hacer antes de que tuvieras a tu hija. Cada palabra debe tomar un nuevo significado. Por ejemplo, las palabras *limpiar, horario* y *alta cocina* van a tener que ser redefinidas en los primeros meses de vida de tu beba. En poco tiempo, "casa limpia" va a querer decir que has logrado que haya algunos puntos en donde sí se alcance a ver el piso. Para algunas de ustedes, esto no va a ser difícil; para otras, va a ser un verdadero esfuerzo aprender a bajar sus expectativas.

La razón por la cual quiero que bajes tus expectativas es porque a tu pequeño regalo de Dios no le importa tu trabajo doméstico, tu necesidad de dormir o tu necesidad de hacer ejercicio en el club con tu amiga. Se te ha dado un regalo; pero, para ponerlo en términos francos, es una pequeña egoísta impertinente. Todo lo que le importa es estar calientita, a gusto, acurrucada, alimentada, descansada y que le hables.

Si tratas de hacer todo lo que solías hacer antes de tener a tu beba, es probable que comiences a guardarle resentimiento. El problema no es tu hija, ¡ella está actuando como todos los demás niños! El problema es que tú creas que traer un bebé a casa no va a cambiar tu horario de manera notable, o la limpieza de tu casa, o tu habilidad para cocinar, o tus momentos de descanso o de recreación. En los primeros diez días, quiero que te relaciones con tu hija, no que comiences a guardar resentimientos o enojo en su contra. Este es el momento para dejar que el resto del mundo gire mientras ustedes simplemente se concentran en conocerse una a la otra.

¿No es asombroso que, en estos primeros días de vida, esta cosita de cincuenta centímetros aprenda a reconocerte? Ella puede identificar tu voz amorosa y única. Si tu hija es un beba mayor o ya cumplió dos años, pronto el agradable sonido de tu voz y tu abrazo la van a hacer sentirse a gusto. Nadie puede tomar tu lugar en su corazón. Ya sea que haya sido una beba "escogida" o que tú la hayas dado a luz, sin duda se van a enamorar.

Pero estos son sólo los primeros pasos del largo viaje de la maternidad. Si tu hija vive contigo durante dieciocho años (y muchos niños van a estar con su mamá por más tiempo), tienes seis mil quinientos días para criarla. Los primeros diez días son, literalmente, el primer paso. Ningún corredor sabio comienza a correr a fondo al comienzo de un maratón, así que toma tu ritmo.

Esta es una analogía que me gusta utilizar: Si alguna vez has viajado en avión, ya conoces el anuncio que dan al comenzar el vuelo. En caso de una emergencia, a las personas que viajan con un menor, se les pide que se pongan la máscara de oxígeno antes de ponerle la máscara al niño. ¿Por qué? Porque si llegan a desmayarse al tratar de ponerle la máscara de oxígeno al niño, ambos están en dificultades.

En la aventura de la maternidad, necesitas tu propio oxígeno antes de que seas lo suficientemente fuerte para atender a alguien más. En los primeros diez días, relacionarte con tu beba va a ser una responsabilidad que va a consumir todo tu tiempo. El quehacer, las cenas elegantes, las visitas y algunas veces, incluso bañarte, quizá tengan que esperar. Pon siempre primero lo primero; pon en orden tus prioridades. Todo hogar funciona mejor si primero se enfoca en Dios (¿de dónde más puedes renovar tus fuerzas cuando te sientes exhausta, sino a través de la oración y el regalo del sueño?); después está tu marido (si estás casada); y tu hija, en tercer lugar. Cuando los hijos son chicos es frecuente que se ponga la tercera prioridad en la primera posición. Sande y yo lo sabemos; hemos tenido que trabajar duro en criar hijos estos últimos treinta años (en este momento tenemos presente la diferencia entre una hija de treinta y una hija de diez) para mantener nuestras prioridades en orden.

También, haz que todo sea sencillo. Algunas de ustedes como madres ya han leído media docena de libros sobre la maternidad. Aunque por un lado aplaudo su iniciativa, quiero prevenirlas para que no exageren. Demasiada información puede causarles bastante confusión.

27

Esta manera de verlo te puede ayudar: ¿Alguna vez en un grupo has preguntado en voz alta si alguien te podía dar la hora? ¿Recuerdas todas las respuestas diferentes que recibiste?

"9:45."

"9:55."

"9:43."

"9:47."

Si estás tratando de poner tu reloj a tiempo, y sólo necesitas saber qué hora es, recibir varias respuestas distintas te confunde más que, incluso, recibir una sola respuesta que esté un poco equivocada. La maternidad es algo semejante. Es mejor que uses sólo un reloj; tu hija va a estar mejor si sigues un plan sencillo. La constancia es probablemente lo más importante de todo.

La fórmula más sencilla y constante que te puedo dar para estos primeros diez días es: establece el vínculo y recupérate. *Relación y descanso.* Pasa tiempo con tu hija. Descansa. Ríete con tu beba. Descansa. Aliméntala. Descansa. Cámbiale el pañal. Descansa.

Cada día, tu hija va a ser más independiente y te va a necesitar un poco menos. Disfruta estos días en que tú eres el mundo de tu beba. Es un momento sagrado, y te lo mereces.

UNAS PALABRAS ESPECIALES PARA EL QUE ES PAPÁ POR PRIMERA VEZ

La mayor parte de este libro va a ser leída por ti, mamá. Pero si estás casada, quiero pedirte que separes esta sección y le pidas a tu marido que la lea.

Papá, esto es sólo para ti. Yo sé, yo sé: tienes un ciento de cosas qué hacer en la casa, y más de una docena de partidos que ver en la televisión, así que no estás demasiado emocionado de que tu esposa te haya dado este libro y te haya pedido que leas esta sección. Voy a ser tan breve como pueda (¡se necesita un hombre para saber durante cuánto tiempo puede estar atento otro hombre!), pero creo que lo que estoy a punto de decirte es bastante importante.

Tu esposa ha formado parte de un gran milagro. Sí, lo sé, tú también fuiste parte de él si es que concibieron juntos a esta niña. Pero tu contribución fue más divertida que la de ella. Su participación duró nueve meses; y, si corriste con suerte, tu aportación duró una hora y media (en promedio, yo diría que tu cooperación sólo duró ¡quince minutos!).

En este momento, déjame hablar contigo de papá a papá (así es, ya eres papá). Posiblemente todavía te sientas como un niño, o que eres demasiado joven como para que una beba te diga: "Papá". Pero la niña que acaba de salir del cuerpo de tu esposa ciertamente te califica para esa distinción.

En estos últimos treinta años, he criado a cinco niños propios (si yo lo pude lograr, tú también podrás hacerlo). Sé cómo fingir estar dormido: cómo mantener un ritmo de respiración constante y pesado para que a mi esposa ni siquiera se le ocurra "despertarme" para pedirme que le ayude a cambiar un pañal o a limpiar el vómito. De hecho, después de cinco hijos, creo que puedo decir con seguridad que me sé todos los secretos del oficio.

Pero, gracias a Dios, también he hecho mi parte ayudando. Después de treinta años de estar criando niños, Sande les puede decir que he sido un buen padre. Sande está agradecida porque siempre he estado dispuesto a subirme las mangas y ayudar; y, precisamente, de eso es de lo que te quiero hablar.

¡Entiende que eres el "relevo estrella"!

En este momento tu esposa es toda una estrella deportiva. En palabras beisboleras, ella es Roger Clemens. Se le ha pedido que haga sus lanzamientos de fuego durante ocho entradas seguidas y ha sido un juego difícil. Aunque Roger no quiere ser relevado, el número de lanzamientos que ha hecho y el agotamiento indican que debe salir. Cuando Joe Torre camina hacia el montículo, Roger sabe que se acabó su tiempo; ahora el juego queda en manos de Mariano Rivera, el relevo estrella.

Si tu esposa es Roger Clemens, tú eres Mariano Rivera. Posiblemente nunca te has visto a ti mismo como Rivera, pero lo eres; tú eres el relevo. Quizá tu esposa no se quiere bajar del montículo; pero, por el bien de su salud y la de tu beba, y finalmente para tu propia felicidad, tienes que protegerla de fatigarse.

29

Como relevo, tu trabajo consiste en subirte las mangas y terminar lo que tu esposa comenzó. Si tu beba toma siestas breves, quizá tu esposa necesita dormir un rato mientras tú cuidas a la "junior". En realidad, ella podría aprovechar los diez minutos que tú tardas en cambiar un pañal, para relajarse sobre el sofá. Si le das estas minivacaciones varias veces al día (incluso en el momento en el que acabas de entrar por la puerta y ella se ve cansada, o a media noche, o temprano en la mañana antes de irte a trabajar) va a hacer que todo sea completamente diferente para ti, para tu esposa y para tu hija.

Lo sé, lo sé: tú también has estado trabajando todo el día, y seguramente quieres llegar a casa, leer el periódico y ver el resumen de noticias deportivas. Pero lo que tú haces es diferente: por lo menos has podido cambiar de lugar y de tipo de trabajo durante el día. Compáralo con lo que hace tu esposa, quien en todo el día ha estado dedicada solamente a cuidar de tu hija. Está llevando la carga, minuto a minuto, de una tremenda responsabilidad por una niña que todavía no puede hacer nada por sí misma. Ya sea que haya trabajado fuera de casa antes del parto o no, al convertirse en madre, todo su mundo cambió. Necesita un descanso.

La energía de tu esposa, que previamente se había derramado sobre ti y tu matrimonio, ahora ha sufrido un brusco cambio a causa de este regalo de Dios de cincuenta centímetros, quien, como habrás notado, tiene muchas tendencias hedonísticas y no le puede corresponder en nada a tu esposa. Por eso tu mujer necesita de tu ayuda. Su obstáculo número uno siempre será el cansancio. Piensa en ella como si fuera un piloto de las Quinientas Millas de Indianápolis a quien acaban de sacar del auto, tan maltrecho y adolorido que apenas puede estar de pie. Esa es tu esposa. Física, emocional y hormonalmente, se ha metido en una guerra. Y a veces va a necesitar que tú lleves la carga un rato.

SÉ EL HÉROE DE TU ESPOSA

Ser madre de una niña tan pequeña es bastante difícil. Es un trabajo de veinticuatro horas al día. No es de extrañarse que muchas mamás decidan quedarse en casa con sus hijos (puedes leer más de esto en el último capítulo). Es increíble que todavía algunas personas menosprecien a las madres que se quedan en casa, pensando que no contribuyen demasiado con la sociedad. Esas equivocadas personas tienen mucho qué aprender acerca de los desafíos que enfrenta una madre que se dedica exclusivamente a su "llamado". Asimismo los padres que trabajan fuera de casa y que no ven los desafíos que su esposa enfrenta minuto a minuto, necesitan entenderlos. Pero tú puedes ser diferente. Tienes la oportunidad de ser el héroe de tu esposa y un gran padre para tu hija. Camina hacia el montículo de lanzamiento y recibe la bola de manos de tu esposa.

¿Cómo puedes hacerlo? Se trata de los detalles. Llama a casa cuando pases cerca de una tienda y pregúntale si necesitas comprarle algo. Llévala a cenar fuera, pero asegúrate de que *tú* seas quien llame y consiga la niñera. No la dejes hacer sola todo el trabajo de planeación de sus salidas juntos. Lava los platos antes de que tu esposa se sienta tentada a hacerlo. Hazte cargo de lavar la ropa. Haz la cama. Trata de pensar en todas las pequeñas cosas que tu esposa hace y que das por sentado, para que tú las hagas.

Como nueva mamá, tu esposa se ha vuelto miembro de lo que yo llamo "La orden de las mujeres velcro": cualquier necesidad, finalmente termina pegada a ella. Salir a cenar y ver una película parece ser un buen plan, pero va a ser todavía mejor si *tú* lo preparas.

Posiblemente ella va a necesitar que recortes tu horario los jueves en la noche para que pueda ir a hacer ejercicio o para que tenga un poco de tiempo y espacio para ella misma. Si estás comenzando a fruncir el ceño, detente en este momento. ¡Ya sé que la estás viendo cada vez menos, y que ahora te estoy pidiendo que la dejes salir todavía más! Pero créeme: esto te conviene. En su corazón ella va a decir: *Estoy tan feliz de haberme casado con este hombre,* y ella te va a amar más intensamente por ello. Y, muchachos, ¡nuestra esposa tiene una manera muy creativa y divertida de dejarnos saber cuánto nos ama!

Actúa como su protector

Todos van a querer venir a ver a la beba. Todos van a llamar por teléfono a tu esposa y posiblemente se sienta obligada a recibir a todas esas visitas y a responder a todas esas atenciones. (Lo cual les sucede especialmente a las mujeres, ya que, en general, son personas que tratan de "agradar" a otros por naturaleza. No quieren ofender a nadie y siempre piensan en las consecuencias a largo plazo de incluso pequeñas diferencias en las relaciones.) Pero, como su protector, necesitas ser quien cuida sus intereses. Intercepta las llamadas telefónicas, actúa como el malo de la película y di: "Discúlpame, pero está muy cansada y no puede contestar tu llamada. Pero le voy a decir que llamaste y estoy seguro de que te va a llamar en cuanto pueda".

No necesitas ser un científico de la NASA para saber con qué amigas quiere hablar tu esposa y con cuáles se le haría "pesado". Filtra las llamadas de acuerdo con este criterio. Asimismo, tú sabes qué visitantes van a animar a tu esposa y cuáles sólo van a traer más trabajo. ¿Quién querría recibir a ciertas personas de visita si para hacerlo necesita ordenar la casa, preparar una entrada colorida y elaborar platillos de alta cocina; o quién querría sentarse y ser hospitalaria cuando lo único que quiere hacer es dormir? En contraste, una amiga que se ofrece a cuidar a la beba, a lavar la ropa o a planchar mientras tu esposa toma un descanso probablemente será mejor recibida. Así que conviértete en el filtro para proteger el bienestar de tu esposa. Algunos amigos podrían decir que eres "controlador" o incluso decir cosas peores a tus espaldas; pero en lo profundo de su corazón, tu esposa realmente quiere que seas su protector. Por la manera en que Dios la hizo (preocuparse de los demás antes que de ella misma), ella te *necesita*. Cuando ella note que estás viendo por su bienestar, va a descansar con más facilidad, ya que va a pensar: *Me conoce; puede protegerme. En estos primeros días tan difíciles, vamos a salir adelante... juntos.*

Piensa en cómo la puedes ayudar de una manera práctica

No, no puedes ayudarla a amamantar. ¡No estás hecho para eso! Pero además de cooperar con los quehaceres domésticos tradicionales trata de pensar en cosas que normalmente no pensarías hacer, como escribir notas de agradecimiento por los regalos del "baby-shower". Prevé que vas a necesitar más tiempo para enfocarte en atender a tu esposa, y deja el trabajo pendiente en la oficina, no lo lleves a casa. Y este no es buen momento para salir con los muchachos.

Si estás leyendo esta sección con antelación al nacimiento, o antes de recibir a la beba que "escogieron", termina las reparaciones que faltan por hacer en casa un par de semanas antes de la fecha, para que estés libre para ayudarla más. Necesitas hacer lugar en tu horario. Posiblemente descuides tu toque en el golf, y la grama crezca un poco de más en el jardín, así como algo de maleza, pero nada de eso importa tanto como apoyar a tu esposa en estos días críticos. Cuando la fecha para que naciera mi primera hija se estaba acercando, yo sabía que mi vida estaba a punto de cambiar, pero no me había dado cuenta hasta qué extremo cambiaría. Llevar a esa beba a casa cambió la dinámica de nuestra familia para siempre. El último mes estaba tan emocionado que no hice mucho por alistarme; en retrospectiva, me gustaría haber estado más preparado.

Date cuenta de lo crítico que es tu papel como padre

Yo espero que te des cuenta de la gran influencia que puedes ser para este nuevo bebé. Si es una niña, para ella tú representas toda la hombría, y también representas a Dios. ¿Vas a ser amoroso, vas a estar disponible, te vas a tomar el tiempo de dejar una marca indeleble en el alma de esta pequeña niña? Espero que compres un ejemplar de mi libro *What a Difference a Daddy Makes (Qué importante es papá)*. He descubierto que el tipo de hombre que una mujer escoge para casarse a menudo se relaciona con el tipo de relación que ella tuvo con su padre. De hecho, *vas* a dejar una marca en tu hija. La pregunta es: ¿vas a dejar una marca positiva o una marca negativa?

Algunos de ustedes están diciendo: "Pero voy a tener un niño, no una niña". ¿Adivina qué? Tú representas delante de ese niño lo que es ser hombre. Cuando él crezca, él va a ver cómo tratas a tu esposa; y probablemente así va a tratar a su esposa también. ¿Recuerdas esas "palabras selectas" que utilizas en los momentos de enojo? No te sorprendas si algunas de esas salen de su boca después. Te va a estar observando con una intensidad tal que parecerá que no parpadea, e imitará casi todo lo que vea y escuche.

Es una responsabilidad inmensa subir al montículo y relevar, pero apuesto a que puedes hacerlo bien. Después de todo, eres un tipo listo. Y el hecho de que hayas leído hasta este punto me muestra que puedes llevar la carga. Tú puedes cerrar este juego y terminar el trabajo. Tu esposa y tu hija cuentan contigo. ¡Puedes hacerlo!

TU AMIGO MÁS CERCANO

Mamá, otra vez de regreso contigo. Esperamos que los siguientes veinte días sean un poco más sencillos, ya que tu esposo se tomó el tiempo de leer las páginas que escribimos para él. Si él aplica lo que leyó, espero que tú hagas el esfuerzo también de mostrarle lo mucho que agradeces su ayuda. Si eres madre soltera, no subestimes el valor de involucrar a un hombre en quien confíes (un abuelo, un mentor, un buen amigo) tan pronto como puedas en la vida de tu hija. Seamos honestos: Ninguno de ellos va a poder reemplazar la importancia de un padre en la vida de tu niña, pero pueden mostrar algunas cualidades (como fuerza, confiabilidad, amor, amistad) que pueden impactar la vida de tu hija para siempre.

El amigo más cercano de toda madre durante estas dos semanas va a ser el agotamiento. Las primeras palabras que salieron de la boca de Sande después del nacimiento de nuestra primera hija fueron: "Estoy exhausta". No tenía idea de lo agotador que puede ser dar a luz, ¡y, ciertamente, ella no se había dado cuenta de que iba a ser todavía más cansado llevar a la angelita a casa!

Laura, una madre soltera que estaba feliz de poder traer a casa desde otro continente a un bebé que recibió en adopción, no tenía idea de lo cansado que sería el proceso de casi dos años. Luego de cantidad de visitas al doctor, revisión de huellas dactilares, envíos urgentes y múltiples copias para su trámite, finalmente recibió la fotografía de referencia. Después de casi treinta y seis horas de vuelo y dieciséis días conduciendo, regresó a casa, exhausta. Su travesía maternal apenas había comenzado y en menos de tres meses tenía que regresar a trabajar.

Pero, ¿cómo que el agotamiento es un amigo?

EL AGOTAMIENTO TE ENSEÑA A DEPENDER DE LOS DEMÁS

No puedes hacerlo todo sola; vas a necesitar ayuda de tus padres, de tu marido, de tus amigos, y hasta de los miembros de tu iglesia. Si las personas no se ofrecen a ayudarte, aprende a pedírselos. He escuchado a varias mujeres (hablando de planear) que cocinan por adelantado los platillos que van a comer durante varias semanas después del parto y los congelan para usarlos cuando llegue el bebé. Pero muchas mujeres que tienen ocho o nueve meses de embarazo no pueden ni siquiera acercarse a una estufa o a un horno. El olor de la comida cocinándose y el calor, activan en ellas el reflejo del vómito.

En resumen, necesitas desarrollar un sistema de apoyo. Una madre inteligente consultaría a otras mamás veteranas antes de tener a su bebé para calcular qué sería lo mejor para ella con respecto al apoyo que va a necesitar. Quizá tengas la bendición de que tu madre o tu suegra estén dispuestas a ayudarte. A Laura, la madre soltera, la ayudó su madre; y ella dice, cuatro años después, que no lo hubiera logrado sin la amorosa ayuda de su madre, que vive a diez minutos de su casa. Pero la pregunta es: ¿cuándo es más conveniente la ayuda de la abuela o del abuelo? ¿Justo después del nacimiento, o de la llegada del niño a casa, o dos semanas después? Posiblemente, ellos quieran llegar a ayudar desde el primer momento, pero es mejor que los primeros días los pasen tu esposo, tu bebé y tú solos. Así que te estoy dando permiso de ponerte tú, como prioridad, en esta situación, sin sentirte culpable. Pregúntate: *¿Qué es lo que me va a hacer sentir más cómoda?*

¿Cómo ves todo esto? Habla con tus amigas que han tenido hijos. Habla con tu pediatra. Discútelo con tu marido; quizá él te conozca mejor de lo que te imaginas.

35
••••

Algunas mujeres pertenecen al club "Mártires Abnegadas", porque siempre están listas y dispuestas a rechazar la ayuda de los demás. Sin embargo, cuando enfrentes la tarea de la maternidad, necesitas permitir que tu membresía caduque. Mira la filosofía de mártir desde otra perspectiva: es egoísta robarles a los demás la bendición de servirte. Claro que es un poco humillante pedir ayuda, especialmente cuando estás acostumbrada a hacer las cosas por ti sola. Pero algunos padres, amigos o suegros se van a quedar conmovidos al ver que los estás tomando en cuenta y estás dispuesta a admitir que necesitas su ayuda.

Si tu bebé aún no ha nacido, posiblemente no puedas imaginarte realmente lo cansada que vas a estar. El pensamiento de que otras personas te traigan de comer durante dos semanas posiblemente te horrorice, pero cuando el tiempo llegue, te vas a sentir igual que muchas otras mujeres en tus mismas circunstancias: aliviada de no tener que preocuparte por cocinar en esta transición a la maternidad. Quitarse ese peso de encima ha hecho maravillas para las nuevas mamás, ya que, cuando empieza a atardecer, las nuevas madres comienzan a sentir que su energía comienza a desvanecerse *(nota del traductor:* en algunos países la comida más fuerte se sirve después de las seis de la tarde).

Sin importar quién sea quien vaya a ayudarte, recuerda que *tú* eres quien toma las decisiones finales, y tienes el derecho a cambiar de opinión sin sentirte culpable. No tengas miedo de decirle a la abuela en ciernes: "Creo que voy a necesitar que estés en mi casa desde el momento en que llegue; pero, por favor, no te ofendas si cambio de opinión en el último minuto". Este tipo de planeación por adelantado puede darte una salida fácil si es que de pronto te sientes bien y quieres disfrutar un tiempo de soledad con tu esposo y tu beba. No lo olvides: tú eres la mamá ahora, así que tú estás a cargo. Este es un paso muy importante de madurez para ti. Toma la responsabilidad y ejércela.

No trates de engañarte a ti misma creyendo que eres el tipo de mujer que no va a necesitar ayuda (en caso de que se lo estén preguntando, sí, puedo leerles el pensamiento a algunas de

ustedes; las atrapé, ¿verdad?). Puedo asegurarte que vas a necesitar ayuda; no existe una sola madre en el planeta que no la
haya necesitado; y todo va a ser más fácil para ti si puedes
pensar en esto antes de traer a la beba a casa.

EL AGOTAMIENTO TE RECUERDA QUE DEBES TENER VISIÓN A
LARGO PLAZO

Esta niña va a estar contigo un rato bastante largo, y criarla
se va a tratar de tomar decisiones cada día que van a moldear su
carácter. Eso significa que vas a tener que evaluar tus prioridades, porque siempre van a haber más actividades de las que
puedas hacer; siempre van a haber cosas que dejes sin hacer. El
quehacer siempre va a estar allí, pero el tiempo y la energía que
guardes para derramarlos en tu hija va a producir grandes divi-
dendos en la relación entre ustedes, ahora y en el futuro.

Aun frente a todos los numerosos quehaceres y tareas, ¿te vas
a tomar el tiempo de disfrutar a tu beba y a tu marido?

Yo espero que sí.

Y recuerda: los primeros diez días se tratan de dos cosas: relación y descanso. Descansa y conoce a tu beba. Todo lo demás,
es extra.

37
••••

3

Las tres necesidades principales: comer, dormir y llorar

Una abogada menor de veinticinco años me confió que cuando se casara y tuviera hijos definitivamente iba a seguir trabajando. "¿Qué voy a hacer todo el día con un bebé? ¡Me voy a aburrir!", exclamó.

En ese momento sólo sonreí y dije algo como: "No tienes ni idea de lo que es eso". El solo hecho de que pensara que se le iban a acabar las cosas que hacer con un bebé sencillamente demostraba su ingenuidad.

Una década después, me puse en contacto con ella para ver cómo estaba. Se había casado, había tenido un bebé, había renunciado a su empleo y había tenido tres hijos más. Ahora que vive con su esposo y sus tres niños, no puede creer que se preocupara tanto de "aburrirse". ¡Ni siquiera puede recordar cuándo fue la última vez que tuvo un poco de tiempo libre para aburrirse!

Esta joven mujer dejó de hablar de las leyes que regulan la ecología y de lo intrincado de la práctica pública de la abogacía, para comenzar a hablar acerca de la sincronización y cantidad de movimientos del intestino y de los patrones de sueño de su bebé.

Eso sucede todo el tiempo. No importa cuántos títulos

tengas, una vez que te conviertes en madre, las tres cosas principales de la vida no van a ser los reglamentos federales, las relaciones públicas o el significado de la vida; sino, cuánto come tu beba, de qué forma puedes manejar el llanto y si está durmiendo lo suficiente. Yo les llamo "las tres necesidades principales", porque son las tres cosas más importantes que vas a enfrentar durante el primer año de tu beba.

¡ES UNA HAMBRIENTA IMPERTINENTE!

Se ve linda y adorable, ¿no? Pero, déjame decirte, ¡cómo come! Tu beba quizá te deje perpleja por la cantidad y la frecuencia con que consume, primero tu leche, si le das pecho, y luego la comida en general.

¿Pecho o biberón?

Tu beba está creciendo casi cada minuto, eso lo debes considerar. Cada día, nuevos componentes del cuerpo de tu hija se están desarrollando y afinando: su estructura ósea, sus senos paranasales y más. La buena comida y la buena nutrición son más importantes ahora que nunca, y nada es más sano que la leche materna. No te lo digo para hacerte sentir culpable si no puedes amamantarla (hay ocasiones en las que es imposible que la mamá amamante al bebé), sino sólo para darte información. Numerosos estudios han mostrado que los beneficios nutricionales y de relación que provienen de la lactancia son más que abundantes, y la American Academy of Pediatrics (Academia Estadounidense de Pediatría) recomienda la leche materna por lo menos durante el primer año de vida.

Durante los primeros seis meses o más de la vida de un bebé, realmente sólo tienes dos opciones: pecho o fórmula. Aunque se requiere de varias semanas de estar dando pecho para que la leche de la madre se desarrolle completamente, lo más asombroso del asunto es que tu leche se va adaptando a las necesidades de tu bebé. ¡Así es! Dios lo hizo así. El contenido de grasa de tu leche pasa por varios cambios sutiles, no sólo durante el crecimiento de la beba, sino también durante cierto momento de alimentación. Ningún científico puede imitar este efecto.

La leche materna ayuda contra las alergias y las infecciones, y regula el control de peso, como ya se ha demostrado. Es un estimulante natural para el sistema digestivo del bebé. Además, si tienes un ingreso limitado, no existe una forma más económica de alimentar a tu hija. Y, a menos que tu doctor te diga lo contrario, no es necesario darle ningún tipo de suplemento durante los primeros seis meses de vida.

Para la que es mamá por primera vez, amamantar puede parecer terriblemente difícil. Casi todas las madres primerizas rompen en llanto y dicen: "Yo pensaba que iba a ser fácil; natural. ¿Por qué no funciona?". Pero persevera, va a funcionar. Posiblemente se requieran algunos días para que tu beba aprenda a "prenderse" de tu pecho, y tiene que mamar durante varios días antes de que tu leche fluya; sin embargo, en esos primeros días es cuando va a recibir bastante calostro. El calostro es la leche menos blanca (un poco amarillenta) y de textura más gruesa que van a producir tus pechos los primeros tres días o más. Es bajo en grasas, alto en carbohidratos, proteínas y anticuerpos, y contiene una concentración más alta de elementos inmunizadores que tu leche madura. La Leche League International (La Liga Internacional de la Leche) lo describe como "una vacuna natural ciento por ciento segura" en contra de enfermedades e infecciones. Y probablemente les va a tomar un poco más de tiempo a tus sensibles pezones, adaptarse al tironeo constante de la boca de tu beba. Así que espera las dificultades en lugar de que estas te sorprendan. Y comprende que lo que estás pasando es casi universal, pero los beneficios bien valen la pena el esfuerzo inicial.

¿Qué tan a menudo hay que alimentarla?

¿Cómo poder determinar la cantidad de alimento que tu beba está recibiendo?

Si estás alimentándola con biberón, tienes el dato preciso en mililitros y onzas. Pero si la estás amamantando, ¿cómo saber cuánto alimento está saliendo de tu pecho? El ritmo de crecimiento de tu hija es el mejor indicador de qué tanta nutrición está recibiendo. Tu pediatra puede ayudarte bastante en este aspecto. Si tu beba está creciendo a un ritmo razonable, se puede asumir con toda seguridad que está recibiendo suficiente leche. Pero no dejes que las tablas de altura-peso del consultorio del pediatra te asusten. Recuerda que sólo son tablas que representan el promedio de crecimiento de un bebé estadounidense. Cada bebé es diferente. Si el peso, la altura y el tamaño de la cabeza de tu beba se están desarrollando de una forma normal, y está siguiendo el promedio tradicional, incluso si es un poco menor o mayor que el del bebé promedio que aparece en las tablas, no tienes nada de qué preocuparte. Si estás preocupada, habla con tu pediatra, quien de seguro podrá atender tu caso específicamente.

En promedio, se debe alimentar a un bebé recién nacido entre seis y diez veces al día, lo cual quiere decir, cada dos o cuatro horas. Menos de seis veces al día incrementa el riesgo de deshidratación. ¡Más de diez veces al día hará que tus pezones queden como chupetes masticados!

Actualmente, existen opiniones divergentes que cuestionan si a un bebé se le debe dejar comer todo lo que quiera. Yo estoy entre ambos extremos. Tu cuerpo sólo puede rendir hasta cierta cantidad; después de dos semanas, tu beba consume el noventa por ciento de tu leche en los primeros cinco minutos de amamantarla (por pecho). Si te duelen los pezones, puedes usar un chupete o un dedo para satisfacer la necesidad que tiene de mamar.

Una manera más terrenal de asegurarte que tu beba esté recibiendo suficiente alimento es vigilar sus pañales. Debes tener aproximadamente entre cuatro y seis pañales mojados por día; y después de las primeras dos semanas, tres pañales sucios al día. En promedio, por supuesto. Si estás realmente preocupada, o si tu beba ni siquiera se acerca a estos números, consulta a tu pediatra.

La pregunta que últimamente me hacen con más frecuencia acerca de la alimentación del bebé, probablemente sea que si yo creo que los bebés se deban alimentar cuando ellos así lo soliciten. Si se está hablando de un recién nacido, sí; yo creo que se le debe alimentar cada vez que tenga hambre. Vas a recibir muchos consejos de otras personas acerca de cuál es la "manera correcta" de hacerlo, pero no pierdas de vista que ninguno de nosotros hemos sido hechos de la misma forma. Considera todo lo diferente que eres tú de tus hermanos. ¿Te acuerdas que uno de ellos se atiborraba de comida durante el desayuno, después sólo se tomaba un refresco en la comida, y luego de nuevo se atragantaba en la cena? Probablemente, también tuviste una hermana que apenas tocaba el desayuno, se servía una comida completa a mediodía y casi no comía nada en la cena.

Todos somos diferentes, ¿no es así? ¡Por supuesto que así es! ¿Entonces, por qué esperamos que los bebés sean todos iguales? Aun si tuvieras diez bebés, tendrías diez gustos diferentes. Dios no tiene un molde para hacer seres humanos. En la Escritura, el salmista le dice a Dios con respecto a nuestra creación: "Formidables y maravillosas son tus obras".[2] Dios mismo creó a tu beba y la vigiló cuidadosamente en tu vientre. ¡Tu beba es una creación única, no hay otra como ella en toda la tierra!

Eso también quiere decir que no puedes saber con anticipación cuál va a ser su horario de comida. La mejor manera de "establecerle" un horario es comenzar a alimentarla cada vez que tenga hambre. Rápidamente vas a notar que su naturaleza te va a indicar los momentos del día en que prefiere comer.

Para algunas de ustedes, este horario abierto va a ser algo bastante difícil de asimilar. A ti te gusta hacer las cosas "como deben ser"; sin embargo, eso no existe cuando hablamos de las preferencias personales de un bebé. Bueno, déjame decírtelo de esta manera: Sí vas a tener un horario, pero es un horario CCSPA (Con Cambios Sin Previo Aviso), quien decidirá esos cambios es tu hija. ¡Créeme, los bebés se las arreglan para que sepas cuáles son sus deseos! Una vez que entiendas su ritmo natural, tú y ella se pueden acostumbrar a cierto horario.

Las noticias consoladoras son, que a la par de que te vayas familiarizando con el horario de tu beba, las guerras por la comida pronto se van a terminar. A casi todos los bebés les gusta comer justo después de despertar, pero el momento en que vaya a tener hambre de nuevo depende principalmente de ella. "Lee" a tu beba como si fuera un libro, y luego sigue el horario que te marque. Pronto vas a darte cuenta de que la maternidad consiste en un equilibrio entre mantenerte en control y ser sensible a las necesidades de tu hija.

Si tienes más preguntas, consulta a tu pediatra. Solamente, ten cuidado con cualquier sistema rígido que diga: "Esta es la manera como debe ser" o que trate de fijar un "método divino" que todo bebé tenga que seguir. Hablando como psicólogo, quiero asegurarte que no vas a echar a perder a tu hija a causa del horario de comida. La manera en que la alimentes o cuándo la alimentes no la va a convertir en una niña malcriada, en una niña irritable o terca. Estas son preocupaciones válidas, pero ninguna tiene nada que ver con la alimentación del bebé.

¿Puedes provocar un eructo?

Al alimentar a tu beba debes saber producir el sonido favorito de las mamás: el eructo del bebé. Todo bebé necesita que lo hagan eructar después de cada alimento, pero si no lo puedes provocar, no la fuerces. En este momento no eres una verdadera experta en provocar eructos, pero ya lo serás. Te vas a sorprender de lo buena que serás para sacarle esa preciosa "burbuja". Al principio es posible que le palmees la espalda demasiado suavemente, pero eso está bien. Si yo fuera tú, preferiría ser en exceso cuidadoso, que rudo con un bebé. Con el tiempo vas a aprender lo que tu beba necesita para sacarle la burbujita. En este caso, la prueba y el error es tu mejor guía, porque cada bebé es diferente.

Cuando termines con un pecho, antes de pasar al otro, necesitas hacer eructar a tu beba. Los bebés que toman biberón necesitan dejar salir una fuerte y sonora burbuja después de tomar dos onzas de fórmula. Las tres posiciones más comunes para provocar un eructo son las siguientes:

1. Coloca la cabeza de tu beba recargada sobre tu hombro, mientras tu mano izquierda sostiene sus pompis y con tu mano derecha suavemente le das unas palmadas en la espalda.
2. Coloca a tu beba atravesada sobre tus muslos, acostada de lado, mientras suavemente le das palmadas en la espalda.

43

3. Coloca a tu beba sentada en tu regazo, mientras la sostienes con una mano y le das palmadas suaves en la espalda.

¡DISFRUTA LA RELACIÓN!

Y cuando hayas terminado de alimentar a tu beba, por favor, no te apresures a dejarla para ponerte a barrer y a limpiar. Si estás en casa y la estás amamantando, no sientas el impulso de abotonarte la blusa. Tómate unos minutos y completa el proceso de disfrutar su compañía. Acurruca a tu beba cerca de ti, fíjate en cómo huele, y mira esos ojos grandes y hermosos. Tocar a tu beba es un don maravilloso. Después de sacarle el aire y darle de comer, tus caricias son probablemente el tercer elemento más importante en la vida de tu hija en este momento; que es cuando empiezas la travesía de por vida de la estimulación táctil.

A todos nos gusta que nos toquen, pero al ir creciendo, ponemos barreras a las caricias de los demás. Así que, disfruta esta época en que es tan fácil y sencillo conectarte con tu beba. Ora por ella, cántale tus canciones favoritas, ríete, frótale la barriga y pásala bien. ¡A los bebés les encanta escuchar la risa de sus padres!

LA HORA DE DORMIR

Bueno, acabamos de pasar todo el tiempo hablando de comer. Ahora vamos a comenzar con dormir. ¿Ya estás cansada? No te preocupes. Quizá seas nueva como mamá, pero tu hija también es nueva como bebé. Juntas pueden salir adelante.

AYÚDALE A TU BEBA A QUE SE ADAPTE A LA NOCHE

Como psicólogo, me encanta cuando los papás llevan al bebé a la habitación donde ellos duermen y lo acuestan en una cunita junto a su cama. Dormir en la misma habitación durante las primeras semanas, pone la mesa para un maravilloso tiempo de compenetración familiar, ahorra la molestia de tener que caminar hasta el otro extremo de la casa para tomar en brazos al bebé cuando llora, y tiene el beneficio adicional de que los intentos del marido de hacerse el dormido sean menos verosímiles.

Para determinar sobre cuál lado es mejor que acuestes a tu beba consulta con tu pediatra, ya que esas recomendaciones tienden a variar, e incluso los profesionales disienten sobre el tema. De hecho, la mayoría ahora dice que no hay una "posición perfecta" para que un bebé duerma, así que es mejor dejar esta decisión en manos de los que están más al día en las investigaciones recientes.

Entre paréntesis: si cuentas con pediatra, no dudes en tomarte una buena cantidad de tiempo para hablar estas cosas con él o ella. Los pediatras saben que es normal que una madre primeriza pase tiempo hablando con ellos. En tu primera visita a su consultorio, no hay ninguna razón por la cual no salgas con todas tus preguntas contestadas. Un buen pediatra va a reafirmar tu interés y pacientemente va a responder todas las preguntas que tengas.

45

Muchas mamás me preguntan por qué sus bebés lloran en la noche en lugar de dormir. Te puede sorprender que las últimas investigaciones revelan que los bebés no se vuelven sensibles a la luz sino hasta cinco o seis meses después, lo cual explica por qué tu hija puede dormir a pierna suelta a mediodía y parecer renuente a dormir a medianoche. La noche no significa mucho para un bebé, por lo menos no significa lo mismo que para un adulto.

Segundo, piénsalo desde el punto de vista de tu beba: Acaba de salir de un cuerpo suave y caliente (el tuyo o el de su madre biológica) y todo es nuevo. Todo el día está acurrucada, escucha a mamá hablar, se siente segura porque tu cuerpo siempre está cerca. De pronto, al final del día, se queda sola en un cuarto oscuro y extraño.

¿Te gustaría eso? ¿Particularmente si fueras demasiado pequeña como para comprender la diferencia entre día y noche? *Tú* sabes que vas a regresar con ella en la mañana, pero ¿lo sabe *ella*? (En los primeros meses de vida, los bebés no comprenden la permanencia de los objetos; cuando algo sale de su vista, piensan que acaba de desaparecer.) Ella es apenas una beba; ha estado contigo todo el día, y de pronto está sola, con muy poca experiencia como para saber que volverás. Si piensas de esta manera puedes poner el llanto de tu beba en una nueva perspectiva, ¿no?

Una vez que comiences a acostumbrar a tu beba a un cierto horario (digamos dos o tres semanas después del nacimiento) puedes pensar en trasladarla a su habitación. Catorce días es tiempo suficiente para que tu beba se ajuste psicológicamente a estar en este mundo, y tú necesitas preservar un poco de espacio privado. Si te preocupa que pasarla a otra habitación pueda provocar que no la escuches llorar, cómprate un monitor para bebés.

Es importante que entiendas que los bebés duermen por partes

Te tengo malas noticias: nadie puede *hacer* que un bebé se duerma. Pero también hay buenas noticias: el sueño es un proceso bastante natural, y el bebé promedio va a dormir entre dieciséis y diecisiete horas diarias. El problema es que estas horas estarán repartidas en partes de tamaños irregulares. Muchos bebés duermen durante el día y se vuelven irritables en la noche. Con el tiempo, y estamos hablando de semanas, no de días, puedes ayudar gradualmente a tu hija a pasar una mayor proporción de las horas de sueño a la noche. Pero durante los primeros dos meses, cinco horas de sueño sin interrupciones van a parecer el cielo. Está bien que despiertes a la beba si su siesta se alarga mucho por la tarde, pero no le quites la siesta de la tarde por completo. La barriguita de tu beba va a necesitar comida cada tres o cuatro horas, así que, de todos modos, hay pocas probabilidades de que puedas dormir la noche completa.

Los padres primerizos tienen la tendencia de hacer que estos ritmos naturales sean más difíciles de lo que pueden ser. He hablado con muchas mamás que han desarrollado rituales demasiado elaborados para arrullar a su hijo; comienzan con un ritual que puede durar hasta una hora en el que mecen al bebé en una mecedora. Pero quiero advertirte en contra de no comenzar un hábito que luego no quieras continuar. Una vez que tu hija se acostumbre a cierta rutina, es importante que la mantengas; así que entre más sencillas sean tus rutinas es mejor.

Que tu hija se duerma es apenas ganar la mitad de la batalla, por supuesto. Muchas veces la preocupación mayor es lograr que tu hija duerma toda la noche. Una vez estaba dando una conferencia y una persona me preguntó: "¿Doctor Leman, duerme usted bien?". "Como un bebé", respondí, "me despierto cada dos horas".

Cada bebé es diferente, por supuesto, pero por regla general, duermen mucho y se despiertan mucho. El desafío es que el horario para dormir que escogen no va a ser el ideal para mamá o para papá. Tu beba no entiende en realidad que mamá o papá necesiten dormir seis o siete horas para ir a trabajar, y es muy raro el bebé que duerme seis o siete horas seguidas acabando de llegar del hospital. De hecho, tu pediatra probablemente te pida que en las primeras dos semanas que estés en casa, despiertes a tu beba por lo menos una vez durante la noche para alimentarla.

Esa es una de las muchas razones por las cuales Dios diseñó que una familia tenga un papá y una mamá. No estoy diciendo que como madre soltera no puedas lograrlo, sino que es definitivamente más difícil. Si estás casada, puedes hacer equipo con tu marido; aunque los esposos tienen la habilidad innata, como dijimos anteriormente, de hacerse los dormidos a media noche. Aunque los hombres, a lo largo de los siglos, hemos perfeccionado el arte de no mover un solo músculo cuando nuestra esposa trata de ver si estamos dormidos, quiero recordarles un "axioma de Leman" que les digo a los hombres dondequiera que voy: "No es justo que los papás hayamos colaborado en el despegue, y que no ayudemos en el aterrizaje también". Y eso se aplica tanto a aquellos que ayudaron a concebir a su hija biológicamente como a aquellos que concibieron a sus hijos a través de escogerlos por el proceso de adopción. Un padre es bastante capaz de darle mucho amor paternal a su hijo o a su hija, lo cual tiene el beneficio añadido de darle la oportunidad a la esposa de ponerse al día con el sueño que tan desesperadamente necesita.

Algunos esposos tratan de usar la excusa de: "Tengo que ir a trabajar mañana, en cambio tú te quedas en casa a dormir". Pero lo dicen porque nunca se han quedado en casa todo el día y no saben lo poco que puedes llegar a dormir. Yo sé que este es un tiempo difícil de la vida. Ambos van a estar cansados y ninguno de los dos va a dormir todo lo que piensan que necesitan. Pero, por lo que vas a pasar y lo que le estás pidiendo a tu esposo que haga, es un pasaje natural de la vida por el cual han cruzado los hombres y las mujeres a través de los siglos. No va a durar para siempre.

¡Por supuesto, eso no significa que en ciertas ocasiones no se vaya a *sentir* que es para siempre! Cuando la beba esté enferma, o cuando esté resfriada, probablemente no vas a dormir porque ella tampoco va a dormir. Algo tienen las mamás que parece que conectan su habilidad para dormir con la de su hijo. Puedes tener encendido el nebulizador para ayudar a tu beba a respirar, pero te apuesto que te vas a despertar cada vez que tosa.

48 Sande y yo hemos pasado por eso. La pequeña Hannah solía dormir bien, pero tuvo cólicos durante seis meses. Los cólicos prueban severamente la paciencia del santo más devoto que haya caminado sobre la tierra: Tu beba no duerme bien, así que está constantemente en llanto; tú no estás durmiendo bien, así que permaneces continuamente irritable; tu marido no está durmiendo bien, así que los dos tienden a molestarse el uno con el otro... y esto sigue y sigue. Quizá comiences a preguntarte a ti misma: "¿Para qué decidí tener un bebé? ¿En qué estábamos pensando? Solo es puro trabajo".

Estos sentimientos son normales, y se pasan con el tiempo. Gracias a Dios los cólicos son semejantes a la adolescencia: No duran para siempre (aunque lo parezcan).

ENCUENTRA EL RITMO NATURAL DE TU BEBA Y AJÚSTATE A ÉL

Las siestas son semejantes a los horarios de comida: cada bebé es distinto. Desarrolla un horario basándote en lo que veas en tu beba; y, una vez que el horario se establezca naturalmente, trata de ajustarte a él. Posteriormente, tienes que adaptarte al horario que ya estableció tu hija, si quieres constancia. En otras palabras, si tu beba suele dormirse a las 7:30 p.m., no te la lleves a una clase que comience a las 7:00 p.m., ni salgas de compras a las 6:00 p.m. Si planeas tu día alrededor del horario de tu hija, las dos van a estar más felices porque pronto van a entrar en un ritmo predecible.

Muchas mamás se molestan de que sus bebés lloren mucho en ciertos momentos del día. Yo les digo: "¡Acostúmbrense y adáptense!". Mucha de esta frustración proviene del hecho de que la mamá no se ha tomado el tiempo de conocer el ritmo natural de su bebé, y ha tratado de hacer que el niño se adapte a su propio horario. Solo porque tú necesites levantarte a las 6:00 a.m. para arreglarte e irte a trabajar no significa que tu beba se puede adaptar a tu horario. Posiblemente no te convenga acostarla a las 7:00 p.m. y despertarte con ella a las 4:00 a.m.; pero te estás buscando problemas si es que estás organizando una reunión que comienza hasta después de las 7:00 p.m., porque te va a frustrar que tu hija esté molesta. ¡Por supuesto que está molesta, ya se pasó su hora de dormir y está cansada!

49

Pero hay buenas noticias: los horarios de sueño cambian rápidamente. Los primeros diez días van a ser bastante diferentes de los primeros diez meses, y las rutinas no van a dejar de cambiar hasta que deje de tomar siestas. A los dos meses, tu beba va a estar lista físicamente para dormir durante toda la noche sin despertarse para comer. A los tres o cuatro meses, la mayoría de los bebés (no todos) pueden dormir durante toda la noche sin comer, o se levantan sólo una vez. En ese momento, ya puedes ser un poco más valiente y dejarla llorar. Tu responsabilidad es ayudarla a que ella distinga entre la siesta y la noche, para que la "jovencita" sienta lo que está sucediendo. Para ayudarla, inventa un nuevo ritual para acostarla a dormir en la noche: báñala, canta cierta canción especial, apaga la luz de la habitación, dale un juguete especial o cierta cobija. En fin, haz algo que represente que lo que está sucediendo es distinto a una siesta normal, y mantente firme; pero recuerda que debe ser algo manejable y que se adapte a su horario.

Sólo recuerda que: Tú eres la mamá. Tú estás a cargo. Si la beba empieza a dormir más durante el día que durante la noche, tu responsabilidad es hacer que lo haga al revés. Despiértala de su siesta; y en la noche, antes de que la vayas a acostar, juega con ella más vigorosamente para que se canse un poco más y esté lista para dormir, y aliméntala un poco más de lo normal. Quizá tengas que ayudarla a encontrar un ritmo de sueño aceptable.

LLORAR

Memorando para las mamás: Los bebés lloran. A eso se dedican. Llorar es parte de la experiencia humana. Yo lloro cuando leo las páginas deportivas o cuando veo lo que les sucede a mis acciones cuando el mercado bursátil se cae. Algunas veces lloro cuando mi contador me dice que debo dinero de mis impuestos. Te apuesto a que has llorado con algunos comerciales bastante sentimentales.

Con el tiempo, has aprendido cuándo es apropiado e incluso saludable llorar, y cuándo necesitas contenerte. Yo también he aprendido a llorar sin esperar que el mundo se detenga o a gritar como si la casa se estuviera quemando.

Tu beba todavía no lo ha aprendido. Va a llorar por muchas razones diferentes. A lo mejor está mojada, quizá está incomoda, probablemente está hambrienta o cansada, o posiblemente sólo necesita dejar salir un poco de energía.

Aprende a "descifrar" los llantos de tu beba

Lo importante es que llegues a conocer a tu beba tan bien, que puedas aprender a "leer" su llanto. Es algo así: El verano lo pasamos en el estado de Nueva York y compartimos nuestra casa de verano con docenas de patos. No me gustaría que supieras lo que gasto en maíz para aves, pero a nuestros patos les encanta; así que compro bolsas de veinte o de treinta y cinco kilogramos. Eso mantiene a los patos cerca de la casa. Y mientras los observo, me sorprendo de lo bien que las mamás pato conocen a sus patitos. Los patos suelen venir en familias a nuestra casa. Aunque me gustan los patos, debo admitir que para mí todos son iguales. Es muy difícil diferenciarlos, ¡pero mamá pato conoce a sus patitos!

Si otro pato se le acerca a uno de estos patitos, la normalmente calmada mamá pato se convierte en una fiera. ¡Se inclina como un jugador de fútbol americano y dando de graznidos ataca al pato hasta arrancarle algunas plumas de la cola! Algunas

50

de ellas tienen entre diez y doce patitos. La mamá siempre está erguida, mirando alrededor, sin perder de vista a uno solo de ellos, aunque se mezclen con otros.

Y tal como ella es, es como tú necesitas ser; estar tan a tono con tu hija que puedas reconocer su llanto en una guardería o en un grupo de niños. He conocido a muchas mamás que con el tiempo pueden notar diferencias entre un llanto de hambre y un llanto de, digamos, cambio de pañal. La diferencia posiblemente no sea perceptible para otras personas, incluyendo al padre, pero como madre necesitas poderlo hacer y reconocer el llanto correcto el noventa por ciento de las veces. Con el tiempo, vas a poder distinguir cuando tu hija simplemente esté tratando de llamar la atención y cuando realmente le duela o necesite algo.

51
••••

LA BEBA NECESITA LLORAR

En este momento, en que apenas estás tratando de establecer un horario de alimentación, déjame asegurarte que no necesitas preocuparte por dañar la psique de tu hija si la dejas llorar. El hecho es que los bebés *necesitan* llorar. Es sano para ellos físicamente y, hasta que puedan hablar, es la manera más fácil de comunicarse. Cuando tienes a un bebé recién nacido es mejor responder de inmediato al llanto. Sin embargo, al pasar los primeros dos meses de vida necesitas tomarlo con un poco más de calma.

Te lo digo, porque al tratar con el llanto de tu beba, necesitas encontrar el equilibrio. Por un lado, tu beba es una hedonista impertinente que te va a traer cosida al dedo si se lo permites. Por otro lado, es completamente dependiente de ti, y para ella es difícil, ya que eres una mamá nueva, dejarte saber exactamente lo que necesita.

Si consuelas a tu beba cada vez que frunce el ceño o pone cara triste, posiblemente estés exagerando. Si estás revoloteando alrededor de tu hija, y reaccionas a todo lo que haga, la estás entrenando a que llorar constantemente es la mejor manera de tener tu atención.

Simplemente relájate. Algunas veces cuando a los bebés los

acuestan a dormir, lloran, y eso está bien. Déjala llorar. La mayoría de los niños sanos van a dejar de llorar en un par de días si el llanto no produce la respuesta esperada.

Si estás tratando con una beba mayor, digamos de cuatro o cinco meses, y está llorando, revisa su pañal, fíjate en la hora en que comió por última vez, piensa en la razón por la cual pudiera estar cansada, tócala para ver si no tiene fiebre y asegúrate de que la ropa no la esté lastimando. Si todo parece estar bien, presume que tu beba sólo necesita llorar y déjala llorar. Algunos bebés necesitan llorar antes de quedarse dormidos.

Recientemente, una madre con la experiencia de cuatro niños me regaló una reflexión que es una joya: "Simplemente necesitaba aprender que los bebés a veces lloran sin razón, y que no hay nada que pueda hacer para remediarlo. Solía tomarlo personalmente cada vez que mi bebé estaba un poco irritado, como si yo pudiera 'curar' todo. Pero, ¿sabe qué? ¡Mi esposo me ama, pero no me puede quitar el dolor de cabeza, el dolor de estómago o los cólicos! Puedo ponerle crema en las pompitas a mi bebé cuando se roza, pero aun así va seguir un poco molesto. No es realista pensar que uno puede tener un bebé que va a ser feliz perpetuamente. Mientras vivamos en un mundo real, vamos a tener decepciones, limitaciones, dolores ocasionales y heridas. Tanto los bebés como las mamás tenemos que aprender a vivir con eso".

Tú no eres un fracaso como madre si tu beba llora mucho. No lo tomes personal. Cada bebé llora por lo menos una hora al día y algunos pueden llorar durante cuatro horas al día. Mas déjame decirte *algo importantísimo: nunca sacudas a un niño para que se calle, y nunca le des de nalgadas a un recién nacido.* Tratarla así no le va a comunicar a tu beba que estás "hablando en serio", sólo la va a agitar más; y al mismo tiempo te arriesgas a causarle cierto daño cerebral. Si sientes que estás perdiendo el control porque el llanto constante te está volviendo loca, llama inmediatamente a tu esposo, a una amiga, o a una vecina, y sé honesta: "Ayúdame, necesito un descanso o temo que voy a lastimar a esta niña, ¿podrías venir a mi casa?". No existe ninguna mujer en el planeta que no se sienta frustrada de vez en cuando, así que no eres una mala madre. Pero como tú eres el adulto, es importante que tengas iniciativa y busques aliviar el cansancio y los ataques de llanto, en lugar de que desquites tu frustración con la beba, quien solo está haciendo "lo que es natural". Hablaremos más al respecto en el capítulo 4: "El primer año".

PRUEBA ESTAS TÉCNICAS

Cada niño responde de una manera distinta, pero aquí te sugerimos algunas técnicas probadas para tratar con el llanto. ¡Si una no funciona intenta la siguiente!

- Mece a la beba en una mecedora.
- Envuélvela en una sábana, bien apretadita.
- Abrázala y mécela suavemente, de lado a lado.
- Cántale o pon música suave.
- Dale un baño caliente.
- Llévala de paseo en el coche o en el cochecito de bebé.
- Acuéstala junto a una bolsa para agua caliente que esté suavemente tibia al tacto.
- Dale un masaje relajante usando aceite de bebé.
- Usa un chupete. Los más modernos no dañan los dientes.
- Prueba con un columpio para bebé, especialmente de los que emiten un sonido al cambiar de dirección.

Si empiezas a cansarte demasiado, este es un ejercicio útil: Toma tu agenda, pluma en mano, cuenta ocho semanas a partir de hoy, y haz un círculo grande. En algún momento cerca de ese círculo, tu beba por fin va a dormir durante toda la noche. Si está bien alimentada y la hiciste eructar antes de acostarla, va a poder dormir toda la noche, y tú vas a poder dormir tu primera noche completa en mucho tiempo. La noche de tu beba posiblemente sea sólo de seis o siete horas, pero van a ser más que las dos o tres horas de un recién nacido.

En ciertas ocasiones, me he topado con mamás que no han podido descansar toda la noche durante un año, ya que los últimos meses de embarazo no son particularmente descansados. Sigue recordándote que esto también va a pasar.

53

Posiblemente te sientas como si fueras mesera a tiempo completo, mayordomo y trabajadora de una lechería, todo al mismo tiempo, pero la situación va a mejorar. Te lo garantizo.

UN TIEMPO PRECIOSO

Lo bien que la esté pasando tu beba en cuanto a las tres necesidades principales: comer, dormir y llorar, va influir grandemente en tu nivel de satisfacción personal durante los primeros seis meses de su vida. Si, al cabo de ese tiempo, está comiendo bien, duerme entre cinco y seis horas durante la noche y sólo llora cuando es necesario, te vas a sentir como la mujer más bienaventurada sobre la faz de la tierra.

Otras de ustedes van a tener bebés que se van a atiborrar de leche materna, luego la van a devolver, y luego van a pedir más, incluso cuando ustedes estén convencidas de que los tanques de leche están vacíos. Lamentablemente, esos bebés no van a pensar lo mismo y estarán decididos a convertir los pechos de su madre en chupetes. Esos mismos bebés tienden a despertar varias veces durante la noche.

Este es el verdadero desafío: Como eres mamá por primera vez, realmente no sabes si tu beba es de las fáciles de cuidar o de las difíciles, porque no tienes con quien compararla. Algunas de ustedes se van a sorprender de lo fácil que era cuidar al bebé número uno en comparación con el bebé número dos, si es que tienes más hijos después. Algunas de ustedes van a descubrir que el comportamiento que pensaban que era extraordinario es en realidad bastante normal, y sus expectativas no van a ser tan altas con el resto de sus hijos. Pero comparar a tu beba con el bebé de tu amiga o de tu hermana, bebés que no viven contigo, es como comparar uvas con sandías, ya que los bebés actúan de manera diferente en distintos momentos del día. Tú vives con tu beba las veinticuatro horas del día, siete días de la semana.

Sin importar si tu beba parece ser fácil o difícil de cuidar, espero que consideres esta época como un tiempo precioso. Es la primera vez que eres madre, y nunca vas a tener otro tiempo igual. Va a ser distinto con tu segundo hijo y casi un asunto de rutina con el tercero y (si decides seguir adelante) con el cuarto y con el quinto. Pero nunca vas a volver a tener un tiempo como este.

A pesar de lo cansada que estés ahora, un día vas a recordar este tiempo con gran nostalgia; incluso es probable que te haga llorar. El agotamiento no va a parecer tan intenso; la frustración ya no se sentirá tan presente; y posiblemente te rías de cómo tomabas las cosas tan en serio y llevabas contigo jabón antibacterial dondequiera que ibas. Pero vas a extrañar estos días. Quizá no los quieras volver a vivir, pero los vas a extrañar.

Los vas a extrañar, créeme.

55

4

El primer año

¡Bienvenida a la rueda de la fortuna de las emociones posparto! Este es el mejor momento de todos para abordar un tema importante para aquellas que han dado a luz recientemente a su bebé primogénito: Si hicieras una gráfica de los niveles de hormonas y los niveles de emociones que tienes en este momento, se parecería al mercado de valores: en un momento ascendiendo, hasta llegar a un pico como del tamaño del monte Everest, y al siguiente momento, descendiendo hasta zambullirse en el Mar Muerto. ¿Qué está sucediendo?

Tus hormonas están corriendo sin control porque acabas de dar a luz. Tus niveles de estrógeno están descendiendo drásticamente; también la progesterona y la actividad de la tiroides. Para agravar la situación, se reduce también la segregación de ciertas hormonas que controlan tu estado de ánimo, como la dopamina y la serotonina. En resumen, toda la ayuda química extra que tu cuerpo liberó durante el embarazo está siendo desechada de tu organismo. Ese sentimiento gigantesco de ser succionada por un vacío no está sólo en tu imaginación, es un asunto fisiológico. En un momento, no puedes dejar de besar a tu beba. Dos horas más tarde, tus emociones están muertas, y te sientas en la oscuridad mientras la beba llora sola en su cuna; no te sientes capaz de reunir la energía suficiente para levantarte y ver qué tiene.

LA "BAJA DE BATERÍAS" DESPUÉS DEL PARTO

¿Te sientes exhausta? ¿Insegura? ¿Enojada, pero no sabes por qué? ¿Paranoica y asustada? ¿Triste?

Estos son cambios de ánimo normales que atraviesan algunas nuevas mamás. Aunque pueden ser bastante desagradables, no es algo que deba preocuparte demasiado. La "baja de baterías" posparto se manifiesta en ochenta por ciento de las que acaban de ser madres, dando como resultado cambios de ánimo drásticos durante las primeras semanas de haber traído al bebé a casa. Así que relájate, no estás sola con estos sentimientos. Si escogiste a tu beba a través de la adopción, es probable que experimentes emociones semejantes, aunque no debido a un cambio hormonal, sino a causa del estrés del cambio de vida, de la falta de sueño y el agotamiento general provocado por la responsabilidad de cuidar a este nuevo miembro de la familia.

57

Lo que has escuchado en las noticias, acerca de mujeres que al estar en este mismo estado que tú, han lastimado a sus hijos, es un asunto completamente diferente, y mucho más serio. Se le llama depresión posparto y es más rara de lo que te imaginas, sólo les ocurre a dos de cada mil que acaban de ser mamás. La depresión, como otros casos de depresión clínica, requiere de cuidados terapéuticos. Sólo he tenido un par de pacientes que tuvieron reacciones psicóticas al parto. Una de ellas, llevó corriendo a su bebé al hospital convencida de que estaba muerto. Los doctores revisaron al bebé y decidieron que estaba bien. Al tercer viaje que dio la señora, los doctores finalmente descubrieron lo que estaba pasando, y le prescribieron los medicamentos y el consejo apropiado... a *la mamá*, no al niño.

Una buena idea, durante el primer año, es que hables con una amiga que haya pasado por la experiencia de ser madre por primera vez. O únete a un grupo de apoyo para nuevas mamás, donde encontrarás muchas ideas que te pueden ayudar, y consuelo para los aspectos difíciles que es común que las mamás enfrenten.

Por favor, no esperes que tu marido te comprenda. No es mi propósito ofender, pero él es hombre. Nunca ha pasado por la experiencia física de dar a luz, y que la composición química de su cuerpo se altere. Y como padre, nunca va pasar por el balancín emocional que tú experimentas con tu beba, a diario. Además, si estás en la etapa de "baja de baterías", es probable que tu esposo esté teniendo que soportar tu súbito enojo y tus cambios de ánimo, y que necesite tomar un poco de aire y ¡hablar con otros papás que ya hayan pasado por lo mismo! Así que *necesitas* hablar con otra mamá que pueda entender lo que tú estás pasando.

Si de pronto tu beba te está volviendo loca o estás tratando a tu esposo como el enemigo número uno, puedes sospechar que la "baja de baterías" posparto es la culpable. Los que están más cerca de ti, son probablemente quienes están teniendo que soportar tus cambios de ánimo. Si comienzas a tener pensamientos suicidas o quieres lastimar a tu beba, busca ayuda terapéutica de inmediato. No tomes decisiones importantes o rápidas durante este periodo. Date cuenta de que la hostilidad que sientes quizá está basada en el estrés y en las hormonas, más que en un exacto reflejo de tus sentimientos.

Cada mujer tiene una cura distinta, y por eso no puedo darte una prescripción "a prueba de balas" para salir de estos momentos de melancolía. Algunas de ustedes lo pueden resolver haciendo nuevamente ejercicio, o simplemente tomando largas caminatas en el bosque. El ejercicio puede ser tu mejor medicina. Otras, van a necesitar reírse; renten películas cómicas o, todavía mejor, vayan al cine. Hay quien posiblemente necesita un baño caliente y leer una novela. Y, aunque sé que el peso quizá sea una de tus preocupaciones, considera darte una recompensa de algún tipo: chocolate, helado u otra comida gratificante. Salir a tomar el sol a menudo es un buen tónico; hay algo en los rayos solares que parece llegar hasta nuestra alma.

Mientras tu cuerpo se recupera físicamente, tu mente requiere ajustarse al cambio tan fuerte por el que acaba de pasar. Pasaste de ser una niña, a ser un adolescente, a ser un adulto, a ser una madre con una responsabilidad clave por otra persona. Date tiempo para ajustarte. Acabas de pasar por uno de los cambios más importantes de la vida. Y ahora, más cosas están en juego de las que imaginaste antes de que esta beba fuera tuya. En este capítulo vamos a hablar de algunos aspectos clave, como la dieta, los horarios, el tiempo de lectura y de conversación, la disciplina y el tiempo de juego.

EL MENÚ DE TU BEBA Y SU HORARIO

Más o menos a mediados del primer año de vida de tu beba, puedes comenzar a presentarle comida sólida. Te recomiendo que consultes a tu pediatra acerca del mejor momento para hacerlo con tu hija en particular. A causa del reflejo para mamar de los lactantes, un bebé menor de cuatro meses no suele ser capaz de tomar alimento sólido; lo va a escupir de la boca con la lengua. Pero cerca de los cinco meses, el reflejo seguramente ya desapareció.

Una vez más, estoy hablando como psicólogo, más que como médico, así que desde ese punto de vista quiero enfatizar que no debes permitir que los primeros intentos de darle comida sólida se conviertan en una lucha de poder. Si tu beba a los seis meses todavía parece no gustar de alimento sólido, no tiene caso hacer el ridículo con todo tipo de tácticas, como el típico avioncito, con el fin de meterle la comida a la boca. Vuelve a darle pecho, o fórmula, e intenta darle comida sólida uno o dos días después.

Además, no esperes mucho, tan pronto. En otras palabras, no te pongas el pie a ti misma. Tu beba nunca ha comido alimento sólido antes. Si la sientas en tu regazo, y toma una cucharada en el primer intento, pero escupe el segundo, ya progresaste. Detente allí, e inténtalo más tarde.

Ya lo leíste anteriormente en este libro, pero te lo voy a decir de nuevo: Los padres primerizos tienen la tendencia de ser demasiado aprensivos y tratan de adaptar a su bebé a cierto horario reglamentario. Pero grábatelo: mientras tu beba esté obteniendo la nutrición apropiada y creciendo a un ritmo aceptable, no es un asunto de "vida o muerte" que comience a tomar comida sólida a los seis o a los siete meses.

Si quieres que las comidas sean placenteras, ¿por qué comenzar con el hábito de pelear por la comida?

59

A mí me ha gustado bastante la manera en que mi esposa ha ayudado a los niños en este aspecto. Sande usaba sus electrodomésticos para hacer su propia comida para bebé. Licuaba verduras y otros elementos del menú para desarrollar en nuestros hijos un gusto por una gran variedad de tipos de comida. No fue sino hasta que llegaron a la adolescencia cuando nuestros hijos comenzaron a quejarse del brécol. Ahora bien, quizá no tengas el tiempo, la oportunidad o la inclinación de licuar el alimento para tu beba en cada comida. Pero quiero decirte que tu hija va a descubrir el azúcar demasiado pronto. Coca-Cola, Pepsi y las empresas de dulces, invierten miles de millones de dólares en publicidad para asegurarse de que así sea. Realmente no hay prisa por adelantarse. Si reduces el azúcar que le das y la alimentas con comida sana, es menos probable que enfrentes las guerras por la comida, de las cuales tantos padres quieren hablar conmigo en mi consultorio. A los niños les da hambre, y se van a comer lo que sea que tengan enfrente si no hay otra cosa a la mano. Entre más pronto desarrolle el gusto por la comida sana, hay menos probabilidades de que dentro de un año o dos pelee a causa de la comida.

Si adoptaste una nena mayor o una niña de dos años o más, especialmente una de un país diferente, la niña quizá ya determinó lo que le gusta y lo que no le gusta, o por lo menos lo que le es familiar y lo que no. El mejor plan para ensanchar los horizontes gastronómicos de tu hija con comida sana es alimentarla con los alimentos que sabes que le gustan, y gradualmente, uno por uno, darle probadas de alimentos nuevos en un ambiente divertido y relajado. Alimentar a la fuerza a tu hija, lo único que va a provocar, es desatar esas guerras que tanto estás tratando de evitar.

¿CUÁNDO DEBEN HABLAR LOS NIÑOS?

Como madre, vas a ejercer una gran influencia en la habilidad de tu hija para comunicarse. Tu beba te va a escuchar hablar a ti más que a nadie más, y pronto va a aprender a seguir tus patrones de habla. La mejor manera de enseñarle a hablar a un bebé es dándole un cuidadoso ejemplo. Hablar como bebé está bien al principio, pero cerca del sexto mes debes cambiar por completo, a hablar normalmente.

Como estás tratando con una beba, es mejor evitar los pronombres (yo, tú, él), y en lugar de ellos usar nombres o títulos:

—¿Samantha tiene hambre? ¿Ya tiene hambre Samantha?

—¡Ya llegó papá! ¿Puedes ver a papá?

—¡Dale un beso a mamá!

Si haces esto, tu beba pronto sabrá que todos tienen un nombre. Y puede entender su propio nombre en el quinto mes; y la palabra *no*, cerca del noveno. A los diez meses debe comenzar a reaccionar ante sugerencias verbales, y demostrar que comprende lo que dices. Y entre los diez y los dieciocho meses, puedes esperar escuchar sus primeras verdaderas palabras. Los bebés comienzan a jugar con su voz mucho antes, y los padres primerizos quizá "interpreten" esos balbuceos como palabras; pero, en la mayoría de los casos, los niños de cinco meses que "dicen" alguna palabra tuvieron la dicha de poner los sonidos apropiados juntos, por azar.

Como por primera vez eres madre, no puedo dejar de hacer hincapié en lo siguiente: Cada bebé se desarrolla a su propio ritmo, y el ritmo de desarrollo no se relaciona directamente con su coeficiente intelectual. Si tu beba no comienza a hablar hasta los dieciocho meses, no quiere decir que sea menos inteligente que el bebé del vecino que comenzó a decir palabras a los diez meses. Algunos bebés desarrollan la capacidad motriz gruesa antes del habla, y viceversa. No hay necesidad de que los bebés compitan entre ellos.

Sin embargo, si tu beba no ha comenzado a decir palabras a los dieciocho meses, quizá sea bueno que la revise un profesional en la materia. Antes de los dieciocho meses, relájate, sigue jugando con ella y disfrútala. Y si tienes dudas, tu pediatra puede escuchar los sonidos que emite tu beba desde varios meses antes, y asegurarte si tiene un patrón normal de crecimiento o no.

Lo irónico es que muchos padres que han dicho, preocupados: "¿Cuándo va a hablar mi bebé?". Meses después han dicho, preocupados: "¿Y cuándo se va a callar?". Eso ayuda a

61

poner el asunto del habla en perspectiva, ¿no?

LEE, LEE Y LEE MÁS

Una de las cosas más maravillosas que una madre puede hacer con su bebé es leerle. Así que consíguete un libro para bebés bastante grueso, sienta a tu beba en tu regazo y lee en voz alta. Esta actividad produce intimidad y establece vínculos entre ambas, incluye estimulación táctil y ayuda a desarrollar la comprensión del habla de tu beba.

A los bebés les encanta ver libros; especialmente los que tienen ilustraciones de otros bebés. Les gustan las fotografías, y su tema favorito también suelen ser otros bebés. Y hoy, gracias a Dios, los editores publican libros de tela que son ideales para ellos, ya que se pueden lavar y son suaves al tacto. No se trata de enseñarle a leer a tu beba. Sólo estás tratando de hacer que se acostumbre al sonido de las palabras. Cuando crezca, puedes usar esos mismos libros para darle enseñanzas elementales: "¿Dónde esta tu nariz? ¿Tu boca? ¿Tus labios?".

LA DISCIPLINA

Este tema de la disciplina lo vamos a volver a tocar más adelante cuando hablemos de los niños de dos años y de los niños mayores, pero hay algunas cosas que quiero mencionar aquí, ya que es diferente disciplinar a un bebé y a un niño de dos años.

La mejor disciplina general con los niños pequeños que están aprendiendo a hablar es simplemente levantarlos y alejarlos de lo que están haciendo. Los niños son curiosos por naturaleza; no trates de adjudicarle malicia a sus acciones. Simplemente distráelos y evita la confrontación de poderes.

Con todas tus fuerzas, esfuérzate por restringir el uso de la palabra *no*. Los padres primerizos usan la palabra *no* tan a menudo que los bebés, cuando llegan a los seis meses, quedan anestesiados en contra de ella. Un entrenador de perros me dijo que rara vez utiliza la palabra *ven* cuando entrena a un perro, porque la palabra ya está echada a perder desde antes de que le lleven al perro. Un buen entrenador nunca repite una orden; sin embargo, es usual que los perros, cuando llegan para que los eduque, sean mayores de tres meses, y durante ese tiempo ya han escuchado bastantes veces: "Ven aquí, ven aquí, Nerón; ven, Nerón, ven, chiquito, ven. Vamos, ¡ven! Nerón, ven. ¡Eso es, ven aquí!". Por lo cual, en ese punto, la palabra *ven* ya no significa nada para ese perro. Si durante los primeros meses de su vida desobedeció varias veces la orden sin consecuencias, va a ser extremadamente difícil entrenarlo utilizando la misma palabra. Es mucho más efectivo, usar una palabra completamente distinta.

El mismo principio se aplica a los padres, a los bebés y a la palabra *no*. Es una palabra que se usa demasiado. De hecho, es mejor que pienses en una palabra nueva para los asuntos realmente importantes, porque la vas a necesitar cuando haya una emergencia mayor. Si tu beba toma una almohada suave al tacto y tú le dices: "No, no, no. Suelta la almohada", ¡entonces no existe una razón que la impulse a obedecerte cuando está a punto de meter un tenedor en el contacto eléctrico¡ En ese momento necesitas una palabra reservada para una verdadera emergencia, dicha con tal fuerza, que al menos haga brincar a tu beba.

Los padres a menudo hablan de hacer su casa "a prueba de bebés", para decir que la quieren hacer más segura. Y creo que es tan importante hacer tu casa "a prueba de bebés" como evitar la disciplina innecesaria. Quita los objetos frágiles que puedan llamar la atención natural de tu beba. Cuando tome algo que no debe tocar, distráela. Dale algo más, y, normalmente, se va a olvidar del objeto prohibido de inmediato. Familiariza a tu beba con los límites y al mismo tiempo remueve las tentaciones innecesarias del ambiente. Por ejemplo, cuando estoy a dieta no tengo helado en la casa. Por lo tanto, si tengo un bebé, no voy a dejar cristalería fina a su alcance. ¿Para qué invitar a la tentación?

Las nalgadas, no creo que sean apropiadas para los menores de dos años, y creo que deben evitarse nuevamente a partir de los seis. Solía decir a partir de los ocho años, pero al pasar de los años me he dado cuenta de que puede ser antes. Cuando un niño llega a la edad de seis años, hay muchas otras formas de disciplinarlo aparte de darle de nalgadas. La clave es descubrir qué

63

es importante para tu hija y qué tipo de disciplina va a causar el impacto deseado. Algunos niños odian ser aislados de ti o del resto de sus hermanos, así que si les dices que tienen que sentarse solos durante cinco minutos en otra habitación, la disciplina va a funcionar. En otras ocasiones posiblemente sea necesario que pierdan algún privilegio, como: un dulce especial, su programa favorito de televisión o ir a una fiesta de cumpleaños.

Si vas a darle de nalgadas a tu hija, hazlo siempre con la mano abierta en las pompis. Nunca uses algo que pueda dejar una marca. No sólo es ilegal, sino que, además, dejar una marca se califica como maltrato. Las nalgadas están diseñadas para corregir una conducta, no para marcar su cuerpo. Si le pegas tan duro como para dejar una marca, quiere decir que te excediste. Esa es la razón por la cual debes tener tus emociones bajo control antes de dar una nalgada. Eres demasiado grande y demasiado fuerte en comparación con una niñita como para darle una nalgada con enojo. Si no estás en control de tus emociones, no le des de nalgadas.

Por eso creo que las nalgadas deben ser sumamente escasas. Ahórralas para "los verdaderos problemas" y para los casos reales de rebeldía, no para los casos de simple inmadurez. Muchas veces, todo lo que se necesita es que mires a tu hija con severidad, o que le hables con dureza, para detener la conducta inapropiada. Otros niños, incluso los más chicos, pueden entender explicaciones sencillas de por qué no quieres que se comporten de cierta manera (como bajarse corriendo de la acera). Nuestra hija más chica tiene diez años, y en toda su vida, sólo en una ocasión le hemos dado de nalgadas. Si todo lo que estás haciendo para disciplinar es dar de nalgadas, entonces hay algo mal en la relación.

Te tengo otra advertencia: Si fuiste maltratada de niña, no te recomiendo que nunca en tu vida le vuelvas a dar de nalgadas a tu hija. La carga que vienes llevando es demasiado grande y peligrosa como para que te aventures en este campo. Existen otras formas de disciplina que son más apropiadas. (Lee mi libro *Making Children Mind without Losing Yours* [Haga entender a sus hijos sin perder la cabeza])

La mirada de severidad, el tono de voz y la actitud que comunica la seriedad del momento, son igual de importantes que el dolor de una nalgada, no lo olvides. Tu hija va a percibir todo eso lo suficientemente bien sin tener que recibir una sola nalgada. Aunque no pienso que las nalgadas se deban evitar por completo, creo que sólo se deben usar como un último recurso y como un componente más de tu forma de disciplinar. Sin embargo, antes de darle de nalgadas a tu hija, asegúrate de explicarle apropiadamente, de acuerdo con su edad, la razón por la cual se las vas a dar. Esto también te permite tener un momento para tomar aire, calmarte y pensar claramente antes de actuar.

Cuando le des de nalgadas a tu hija, al terminar necesitas abrazarla, poner su cabeza sobre tu hombro y reafirmarle tu amor por ella. Pero también enfatiza que no puede seguir actuando de la misma manera. Habla de una manera calmada y amorosa, y haz del episodio todo un suceso. Si después de darle de nalgadas no vas a tener tiempo de hablar con ella acerca de lo sucedido, no se las des. Reaccionar con enojo, darle una corrección rápida y no terminar el entrenamiento es, desde mi punto de vista, una calidad de maternidad bastante pobre. Las nalgadas pueden ser necesarias como *parte* del proceso, pero no es más que pura pereza utilizarlas como sustituto de *todo* el proceso.

LA OPORTUNIDAD DE TODA UNA VIDA

Este año que comienzas es muy especial. Nunca más en toda tu vida vas a pasar otro primer año como mamá por primera vez con tu primogénita. Así que disfrútalo.

Una vez que tu beba cumpla algunos meses, vas a sentir cómo tu maternidad comienza a desarrollarse, así que, disfruta el proceso. Comienza a discernir la personalidad que Dios le ha dado a tu hija, ya que cada niño tiene sus propios detalles. Nuestra segunda hija, Krissy, le arrancaba la pelusa a su colcha, la hacia una pelotita y se la metía en la nariz o en la oreja. Ninguno de nuestros otros hijos hizo eso, ¡gracias a Dios!, pero a Krissy le encantaba.

Cada niño tiene su propia marca individual de nacimiento. Y a esta pequeña primogénita le gustan las cosas de una manera bastante particular. Te vas a dar cuenta de que a tu pequeña tal vez le encanta tu cadera. Probablemente tú estás preocupada de que cada vez tu cadera es más grande, pero una cadera grande se puede convertir en una pequeña cuna o en un lugar para recostarse, y a los bebés les encanta rebotar sobre superficies blandas. Cada niño va a encontrar un lugar de tu cuerpo que por alguna razón le va a parecer cómodo y agradable. Cuando tengas más hijos, te vas a dar cuenta de que el niño número dos y el niño número tres van a escoger diferentes lugares. Así que adáptate y disfrútalo.

En el capítulo anterior, subrayamos la importancia de que durante los primeros diez días descansaras y te relacionaras con tu bebé. Después de esos días, durante todo el primer año, quiero pedirte que sigas disfrutando a tu hija. Y eso significa crear una buena cantidad de momentos para relacionarse y jugar. A los bebés les encantan los juegos, y parece ser que sus favoritos son los más simples. Creo de todo corazón que es necesario jugar con los niños pequeños, tanto, que he incluido algunos "Juegos para bebés, que les encantan" al final del libro (ve el índice general). Intenta con esos, y también inventa algunos tú misma. Al ir jugando, pronto vas a encontrar el ritmo de juego de tu beba. Y vas a descubrir qué es lo que la hacer reír. Así que carcajéate con ella, diviértanse *juntas* con eso que le causa risa. Va a ser un tiempo perfectamente bien invertido, ya que esta relación dura toda la vida.

Este va a ser un año muy especial en tu vida y en la de tu beba así que, ¡disfrútalo!

5

Los diez errores más comunes que cometen los padres primerizos

En mi consultorio, en la radio y en diferentes seminarios a lo largo de los Estados Unidos, he hablado con innumerables padres primerizos. Durante décadas, me he familiarizado tanto con los principales errores de la paternidad, como los médicos con las enfermedades comunes. Estos son los errores que con mayor frecuencia cometen los padres primerizos. Si estás cayendo en ellos, puedes poner en práctica los consejos que incluí, para evitarlos.

1. TENER UN OJO CRÍTICO

¿Cuál es tu estándar de buen comportamiento? ¿La perfección? ¿Tu meta es crear un maniquí computarizado que haga lo que digas en ese mismo instante?

Si es así, déjame hacerte una pregunta: ¿Cuándo fue la última vez que tuviste un día perfecto? ¿Cuándo tuviste un lapso de veinticuatro horas en el que no pronunciaste mal ni una sola palabra o que no respondiste con un poco de lentitud a una sola petición? ¿Has mantenido una actitud positiva durante un día *entero*?

La razón por la cual escogí esta trampa como la primera de otras que te voy a enumerar, es porque, como madre primeriza, es más probable que caigas en ella, ya que, como nunca has criado a una niña y piensas como adulto, tu tendencia será tratar de criar a una niña "perfecta", y posiblemente lo único que consigas sea enterrarla debajo de tus altas expectativas.

No olvides que el entrenamiento tarda, y que la mayoría no somos perfectos. Cuando cocinas algo, ¿siempre te queda delicioso? Cuando te estacionas entre dos coches, ¿dejas tu coche exactamente a los cuarenta y cinco centímetros reglamentarios, con ambas ruedas a la misma distancia de la acera? Cuando planchas un par de pantalones, ¿cada pinza te queda perfectamente alineada?

Lo dudo. Muchas veces tenemos que conformarnos con lo mejor que salgan las cosas. Entonces, ¿por qué los padres primerizos no hacen lo mismo con sus hijos?

68

Esta es una escena común: La que es mamá por primera vez le dice a Rebeca, su hija: "Becky, quiero que entres y tiendas tu cama". Becky, quien por cierto tiene cuatro años, hace lo que se le pidió. Entonces entra mamá, ve una arruga y extiende el edredón, entonces nota que un lado está más largo que el otro, reajusta las colchas, mulle las almohadas y voltea hacia su desanimada hija y le dice: "Buen trabajo, Becky". Pero sus acciones le dieron un mensaje bastante distinto. No importa lo que le diga mamá, Becky va a pensar: *Lo hice mal otra vez.*

Tal vez quieras decir algo con tus palabras, pero si tus acciones dicen otra cosa, ¿cuál piensas que tu hija va a creer de las dos? Pues, la que le muestra: "No estás a la altura".

Las mamás primerizas con frecuencia actúan así: Cuando su hijo por fin aprende a leer y lee dos oraciones perfectamente bien, pero no pronuncia bien una palabra en la tercera oración, la mamá lo interrumpe inmediatamente y le dicen: "No, Michael, no se dice 'estuata', se dice 'estatua'. Inténtalo otra vez".

Cuando tu hijo número cuatro cometa un error semejante, tú y tu esposo se van a reír: "¡Qué lindo!, dijo 'eslequetos' en lugar de 'esqueletos'". Te puedes reír porque sabes que tu hijo finalmente lo va a decir bien. Pero al primogénito rara vez se le da este margen de libertad.

Como mamá, espero que escojas ser una persona alentadora y

enriquecedora. Fuera de casa, todos van a querer que tu hija haga cosas. Los maestros van a querer que ayude y que obtenga buenas notas. Sus compañeros, que se una a sus actividades. Sus hermanos más jóvenes, que los ayude a amarrarse las agujetas. Si llega a casa y encuentra las mismas exigencias: *¡Vamos, mi amor, usa tu garrocha y salta la barra de la vida una vez más!*, cuando llegue a los dieciocho, tu hija va a estar bastante cansada.

Mi deseo particular es enfatizártelo a ti, que eres mamá por primera vez, porque tu hija primogénita ya está altamente motivada. Y si te vales del amor condicional y le pides que haga algunas proezas antes de cenar, simplemente lo que estás haciendo es echarle gasolina a un incendio que ya está fuera de control.

Una mujer que conozco, quien está entrando a los cuarenta, recientemente enterró a su madre. La familia consistía de varias hermanas y un hermano, y después del funeral las hermanas se juntaron y hablaron de su mamá. "La casa no siempre estaba limpia, y las comidas no eran de calidad "gourmet" la mayor parte del tiempo, pero podías contar con mamá; invariablemente se tomaba el tiempo para hacernos preguntas, para darnos un masaje en la espalda a media noche y para escucharnos hablar de los problemas que teníamos en la escuela, con nuestras amigas o con los hombres".

¡Qué maravilloso sería que dijeran algo así de ti! Esta mamá puso el énfasis donde debía. Era una madre enriquecedora y amorosa, y sus hijos la recordaban así. En cambio, no creo que te gustaría que tus hijos se expresaran así de ti: "La casa siempre estaba brillante, como espejo; las comidas parecían haber salido de la revista *Gourmet*; pero, ¿sabes qué?, nunca pudimos complacer realmente a esa mujer. A ella le preocupaba más si nos quitábamos los zapatos o no, que cómo nos había ido en el día. Cuando obteníamos tres calificaciones máximas y dos no tan altas, ella sólo quería saber qué había pasado con las dos notas no tan excelentes. Qué bueno que ya no puede seguir asfixiándonos más".

Hoy en día, a la mayoría de los niños se les presiona demasiado. Los padres quieren que sus hijos sean el número uno en

69

todo lo que hagan. Si su hijo llega en segundo lugar en cualquier cosa, los padres de hoy son capaces de inscribir a su hijo en un programa de perfeccionamiento especial o de darles clases privadas y lecciones individuales para mantener la ilusión de que sus hijos son realmente superiores en todo. Una de mis hijas y su marido son maestros de escuela. Y algunos de los niños que asisten a sus clases tienen un rendimiento intermedio y obtienen notas promedio, pero eso no es suficiente para sus padres, ya que tratan de hacer todo lo posible para exprimirles a sus hijos algo que no está allí.

Por favor, acepta a tu hija tal como es. No va a sobresalir en todo.

Tan pronto como tu beba se pueda sentar, y luego, ya que pueda guardar sus juguetes por sí sola, vas a tener que decidir cuál va a ser tu meta. ¿La perfección?

70

Cuando vemos las olimpiadas especiales podemos aprender mucho. Todos esos niños corren con una sonrisa, ya que ven que a todos se les otorga un listón al final; eso sí que es conmovedor. Cuando los niños comienzan a crecer, comienzan a competir; yo quiero que mis hijos aprendan a perder, no quiero condenarlos al fracaso desde el principio con metas excesivamente altas o con modelos de perfección.

Esta es una parte importante de tu relación con tus hijos: ¿A ti te atraen aquellos que parecen tener todas las respuestas, o las personas sinceras? La mayoría de nosotros somos atraídos por personas sinceras. También tus hijos.

Una palabra final para todas ustedes que, además, son esposas: Van a tener que vigilar a sus maridos en este aspecto. Los hombres tienen la tendencia a ser demasiado duros y críticos con sus primogénitos. Un joven me confió la manera en que su padre lo criticaba constantemente mientras crecía. Su padre lo regañaba por ser "tan necio como una mula" o simplemente por ser un niño malcriado. Él no podía recordar ni siquiera un episodio en que su padre lo alentara.

El muchacho finalmente se fastidió, y en una ocasión en que su padre volvió a llamarlo mula, buscó la palabra en el diccionario.

—Papá —le preguntó—, ¿de veras piensas que soy una mula?

—Si tú no eres una mula –contestó el padre– entonces no sé lo que es una mula.

—Me lo preguntaba, porque busqué la palabra *mula* en el diccionario y dice que una mula es un animal cuya madre es una yegua y su padre es un asno.

El muchacho me dijo: "Nunca me volvió a comparar con una mula".

2. PROGRAMAR DEMASIADOS COMPROMISOS

Mi punto de vista acerca de la naturaleza humana probablemente está un poco prejuiciado, debido a que soy el tipo a quien la gente llama cuando su familia se está desmoronando. Soy la voz en la radio a la que la gente acude cuando surgen los problemas. Y soy uno de los principales anfitriones que el programa de la ABC, *The View (El punto de vista),* invita para discutir los asuntos familiares difíciles de nuestro tiempo. Estoy consciente de que eso quizá tiña la manera en que pienso acerca de algunas cosas; pero aun así, creo que las estadísticas confirman lo que opino.

Por eso puedo decirte: Tu beba se va a convertir en adolescente. Y cuando tenga catorce o quince años hay grandes probabilidades de que tome drogas y se muera de una sobredosis. Cuando tenga dieciséis, a lo mejor un día bebe de más, se asusta por lo que le puedas decir, toma la decisión de conducir de regreso a casa, y tal vez provoque un terrible accidente. A los diecisiete, un año antes de terminar la escuela media superior, posiblemente tenga relaciones sexuales y salga embarazada. A los dieciocho, pudiera ser que se aburra y entonces decida robar algunos coches, "por diversión"; o quizá haga explotar un buzón o dos, con la intención de recibir cargos por delincuencia en su expediente.

¿Qué evita que una muchacha haga cosas así? Todos sabemos que muchos jóvenes caen en estas trampas, porque lo leemos en los periódicos todos los días. ¿Qué es lo que los padres están haciendo para evitar que sus hijos se metan en problemas?

Lo más importante que puedes hacer para prevenir esta situación lo debes llevar a cabo en los primeros años de vida de

71
••••

tu hija. Para lo cual necesitas crear un ambiente de pertenencia y una actitud de identidad familiar. Cuando estoy frente a un grupo de personas y les digo: "Todos, señálense a sí mismos", de mil, 999 señalan su corazón. Como madre, lo que necesitas hacer es capturar el corazón de tu hija. Es más importante entrenar, proteger y saber escuchar el corazón de tu hija, que dedicarte a que sepa socializar, a que juegue fútbol, a impulsarla a que comience desde pequeña en el ballet o a que reciba clases de apreciación musical. Tu hija y tú necesitan pasar los primeros años disfrutando de su mutua compañía. Aprovecha ese tiempo para cautivar su corazón.

Aunque los niños sean hedonistas por naturaleza, quieren ser parte de una familia e identificarse con su hogar. La mayoría de los adultos hemos experimentado algo similar. Un ejemplo de esa necesidad es cuando, de regreso de un largo viaje o de una junta extensa, completamente agotados, uno le dice al compañero: "¿Quieres que vayamos a cenar a algún lado?", y el otro responde: "Tengo hambre, pero, ¿sabes qué?, quiero llegar a casa. Incluso si sólo cenamos cereal, prefiero ir a casa". Y uno contesta: "Tienes razón. Vámonos a casa".

Ese mismo anhelo está dentro de nuestros niños. Tu hogar es un lugar especial. Cuando decides vivir una vida llena de compromisos, estás entrenando a tu hija a identificarse con lo que sucede fuera de casa. ¿Por qué querrías hacer eso?

Otro problema de los hogares demasiado ocupados es que las lecciones más profundas no caben en el horario. En lugar de hablar de lo que realmente importa, tú y tu marido pasan la mayor parte de su tiempo hablando de quien va a recoger a qué niño y dónde. Luego, ya no hay tiempo de comer juntos, y en poco tiempo ya nadie habla con nadie. Están demasiado cansados, así que encienden la televisión y viven vidas separadas.

Tus hijos te están observando. ¿Te ven más emocionada por no perderte el último episodio de la novela, o de hablar de tus valores y de tu fe? ¿Permites que lo que no es importante a largo plazo desplace a lo que es importante para la eternidad? Es *crucial* que los padres creyentes no sólo *digan* que son creyentes sino que practiquen su fe de manera que los niños lo puedan ver cada día. Tuvimos que pasar por el ataque terrorista del 11 de septiembre para que muchos en nuestro país despertaran a lo importante que es Dios en la vida de nuestra nación, y espero que no sea una lección que olvidemos pronto.

Sin embargo, este es el desafío: No porque los padres tengan fe en Dios, hay razón para asumir que sus hijos vayan a tener la misma fe. Necesitas llevar a cabo lo que yo llamo "la gran transferencia". La mejor manera de lograrlo es vivir tu fe con constancia y perseverancia delante de tus hijos. Déjalos que te vean y te oigan orar (y no sólo a la hora de comer). Integra tu fe en tu día como si estuvieras en medio de una "continua conversación" con Dios, en lugar de esperar un momento especial para hablar con Él acerca de "las cosas importantes". Muéstrales a tus hijos que no necesitas esperar hasta la noche del miércoles o del domingo para hablar con Dios; sino que Él es parte de tu familia todos los días. Pero si estás demasiado ocupada y tratas de abreviar el proceso, y quieres forzarlos a asimilar a Dios, es probable que provoques que se rebelen. Una familia que vino a consejería, estaba sorprendida de que su hijo adolescente se rehusara a ir a la iglesia. Pero yo no lo podía culpar, lo habían forzado a entrar a la iglesia cada vez que la puerta estaba abierta, sin importar qué evento fuera. Por supuesto que a los quince años estaba cansado de todo el "manejo social" de la iglesia.

Sin embargo, si estás lo suficientemente cerca de tus hijos, y ellos ven cómo confías en Dios y lo incluyes en tus actividades diarias, si ellos observan personalmente lo relevante que es Dios en tu vida, entonces pueden aceptar Su llamado de forma auténtica. A medida que tus hijos vayan creciendo, te vas a dar cuenta de que, aunque casi no le prestan atención a tus sermones (especialmente a los sermones moralistas) pocas veces se pierden de las lecciones de la vida: la manera en que papá le habla a otro conductor cuando aquél se le cierra; si cuando habla por teléfono mamá, alienta a otros o chismea.

Si inviertes tiempo en tu familia y haces las cosas bien, tu hija, aunque no lo creas, va a querer agradarte. Si tu hija tiene una identidad familiar fuerte, cuando alguien esté repartiendo marihuana en el coche y le diga: "Pruébala, te va a gustar". Ella va a contestar: "No, gracias. Soy una Leman; y nosotros no hacemos eso".

Si un grupo de muchachos está molestando a otro de menor estatura, y uno de los amigos inmoviliza al pobre muchacho y le dice a tu hijo: "Anímate, Jason, es tu turno, pégale en el estómago mientras yo lo sujeto". Tu hijo va a decir: "No. Yo soy un Alexander; y nosotros no tratamos así a la gente".

No le puedes dar a tu hijo un mejor antídoto para la presión negativa de grupo, que crear en él un fuerte sentido de familia y de valores.

"¡Pero, doctor Leman, mi hija apenas tiene nueve meses! ¿No es un poco prematuro estar hablando de estas cosas?"

De ninguna manera, ya que este fuerte sentir familiar y de valores se produce desde el primer día de nacida. Y se fortalece al mantener a tu hija en casa, al no inscribirla a cuatro o cinco actividades extracurriculares (o incluso a la edad de nueve meses en una o dos actividades), al hacer los sacrificios necesarios para realmente unirse como familia.

Si tu horario está demasiado lleno, antes de que se te salga de control, toma un martillo y comienza a desbaratarlo. Reserva las mejores horas y los días más importantes para tu familia. Adapta el resto de tu tiempo alrededor de la meta de conseguir unidad familiar. Si ninguna otra cosa cabe, entonces ya tienes la respuesta: vas a tener que decirle que no a las demás opciones.

3. DAR POCA VITAMINA N

Ya compraste las vitaminas que en el empaque traen a diferentes personajes de la televisión, para asegurarte de que tu beba reciba suficiente cantidad de las vitaminas B, C, D y E. O quizá prefieras hacer las cosas a la antigua y asegurarte de que tu hija come una dieta bien balanceada.

Eso está muy bien.

Pero no olvides la vitamina N.

"Es una vitamina nueva, doctor Leman, ¡nunca la había escuchado mencionar!"

La vitamina N representa la palabra *no*. No sólo el significado de la palabra, sino todo el concepto. Los padres primerizos caen en la trampa de pensar que pueden hacer más feliz y mejor adaptada a su hija a través de lo que le dan o de las experiencias que le suministran. Muchas veces estos esfuerzos pueden ser contraproducentes.

No quiero ser demasiado injusto con el Ratón, pero cuando lleves a tu hijita a Disneyland a los tres años, y le compres sus orejas de Mickey, una camiseta de Goofy, una espada de Aladdin, pijamas de El Rey León, las gafas de sol del Pato Donald, y empujes el cochecito de bebé una distancia comparable al tamaño del estado de California, no te sorprendas si a medianoche, mientras te das un masaje en los pies, miras a los ojos a tu esposo y concluyan que ha sido el peor día de su vida.

No darles cosas a tus hijos es muy importante, porque darles demasiadas cosas a nuestros hijos se convierte en un sustituto de ser sus padres. Como no hemos pasado el suficiente tiempo juntos en casa, tratamos de compensarlo llevándolos a Disneyland; lo cual, en realidad, no nos hace recuperar el tiempo que no hemos convivido, sino que nos desconecta del mundo real.

Esa es una trampa en que los padres pueden caer por el resto de su vida. Queremos que nuestros hijos, de los ocho a los doce años, se sientan bien al estar solos, así que entonces, ¿qué hacemos? Les compramos películas y videojuegos; con lo cual, lo que realmente estamos comprando, es tiempo para nosotros mismos. Y en el proceso, estamos haciendo que nuestra familia se vuelva extraña. Entre más cosas tenga un niño, menos tiempo tendrá para estar con mamá y papá.

Los niños no necesitan ni la mitad de lo que les damos. Conozco a un joven padre que estaba dispuesto a darle a su primogénita todo lo que quisiera. Sin embargo, él y su esposa tenían un presupuesto muy bajo y no les alcanzaba para casi nada. Un domingo, llevaron a su hija a la cuna de la congregación. Cuando la recogieron una hora después, el papá se dio cuenta de que su hija disfrutaba mucho jugar con una pelotita que hacía ruido. Fueron a la tienda y la encontró a doce dólares. Eso puede no ser mucho para ti o para mí, pero ellos no tenían nada de dinero extra en su presupuesto. Sin consultar con su

75

esposa, papá compró la pelota, pues quería que su hija estuviera feliz.

Como puedes imaginar, su decepción fue enorme cuando llegó a casa. Sacó de la caja la pelota que hacía ruiditos y la puso en suelo, mas su hija ignoró la pelota y comenzó a jugar con la caja.

Él le dijo: "¡No, mi amor! ¡Mira la pelota! ¿Ves como suena? Es exactamente como la que viste en la iglesia". Pero la beba estaba tan extasiada por la caja, que ni siquiera volteó a ver la pelota.

La mayoría de los bebés se cansan de los juguetes después de aproximadamente cinco minutos. Si llevas a tu beba a casa de una amiga y porque la observas jugar con el juguete de la hija de tu amiga, luego sales corriendo a comprarlo, pensando que tu hija se va a divertir con él durante horas, estás cometiendo un clásico error de madre primeriza. Los juguetes duran tanto como las sobras de la comida. Los bebés pierden el interés en las cosas, más rápido de lo que crees. Así que invierte tu energía y tus recursos en pasar tiempo con tu beba y en interactuar con ella, en lugar de comprarle cosas.

Si quieres, velo de esta manera: *Un niño infeliz es un niño sano.* ¿Te sorprende una declaración así? Los niños necesitan aprender a manejar las negativas; necesitan aprender a manejar la decepción. ¿Qué mejor lugar para hacerlo que tu hogar? Y, ¿qué mejor persona de la cual aprenderlo, que mamá o papá?

4. OLVIDAR LA VITAMINA 'E

Uno de los mayores mitos de hoy es la preocupación por la auto**estima**. De acuerdo con lo que se predica comúnmente, a menudo, por buscar la alta **estima** de nuestros hijos, lo único que les proporcionamos es aire caliente, para que se inflen como globos aerostáticos. Es el típico: "Hurra, hurra, eres increíble en esto, eres extraordinario en lo otro, eres verdaderamente especial". Verborrea que los "expertos" erróneamente sugieren que produce niños sanos.

El problema que tengo con este método es que no está relacionado con la integridad ni con el carácter. Tampoco con la noción de devolverle a la familia lo recibido de ella. ¡Es estima basada en una ilusión! La filosofía es, que si haces todas estas cosas maravillosas por tus hijos y enriqueces su vida de esta y otra manera, de alguna forma se convertirán en la mariposa más hermosa que jamás hayas visto, totalmente llena de amor y con todas las manchitas en sus alas. La verdad es que ese aire caliente dura lo mismo que un mosquito frutero; no es algo que en realidad sustente.

En lugar de decirle a una niña lo maravillosa que es por el solo hecho de ser tu hija, enséñala a pensar de manera constructiva. La alta estima viene de lograr algo; y de devolver algo a cambio, por lo recibido. Si una niña gana algo o aprende a hacer algo, y sus padres vienen y le comentan que ha hecho un buen trabajo, o que ha hecho un gran esfuerzo, o que se ha de sentir muy bien por lo que ha logrado, entonces esa niña comienza a pensar: *Las personas más importantes en mi vida, mi mamá y mi papá, se han dado cuenta de lo que he hecho y logrado, y reconocen que tengo un papel qué desempeñar.* Eso es lo que produce alta autoestima, porque está basado en algo que es real.

Los niños no son tan tontos como creemos. Cuando le dices a un niño que es maravilloso y él sabe que no es maravilloso, ¿cómo crees que eso se acomoda en su mente? Lo único que piensa es que no puede confiar en mamá y papá. Por eso, cuando un verdadero logro merece reconocimiento, aunque sus padres se lo den, no lo puede recibir. Después de todo, él sabe que ellos le han mentido antes, ¿cómo puede saber que no le están mintiendo otra vez?

Un padre se rió cuando su hija les llamó a los listones que les otorgan a los niños corredores por "participar" en una carrera: listones de "bien hecho de todos modos". Ella pronto se cansó de esas cosas sin significado, y con justa razón. Es un logro terminar un maratón; pero no es ningún conquista que una niña de diez años termine una carrera de cincuenta metros (excepto en las Olimpiadas Especiales o algo así, por supuesto).

La guía permisiva para lograr una buena autoestima, que conduce a la maternidad complaciente, se basa en que los niños se sientan bien; lo cual los anima a salir adelante de cualquier forma, aunque utilicen formas equivocadas. Los niños, como hedonistas que son, piensan que el placer es lo único en la vida, y se van a aprovechar de ti si caes en la trampa. Si por un minuto les dejas saber que la felicidad de ellos es tu meta principal en la vida, van a tratar de mover los hilos de tu corazón, van a hacer los dramas más agudos y van a terminar siendo adultos egoístas que deberían avergonzarse de su egocentrismo en lugar de enorgullecerse de él. Tu responsabilidad es asegurarte de que tú seas la madre, y no una inútil de la que se puedan aprovechar y luego desechar.

En lugar de concentrarte en la autoestima de tu hija, fíjate en cómo criar a una persona que dé, en lugar de que solo quiera recibir. Una manera bastante práctica de hacerlo es enseñarles a tus hijos a escribir notas de agradecimiento. Porque incluso un regalo de cumpleaños de parte de la abuela no es un "derecho", es un privilegio, y debe ser tratado como tal. Al enseñarle a tus hijos a decir "gracias", contribuyes a disminuir la mentalidad de *tengo el derecho de "recibir"*, y esa también es una manera de "devolver".

Otro método que nos gusta usar a Sande y a mí es hacer participar a nuestros hijos en actos de caridad. Si sabes de una familia que necesita un poco de dinero extra para su despensa, escríbeles una tarjeta, métela en un sobre y pon el dinero adentro; luego pídele a uno de tus hijos que la lleve. Así les enseñas a tus hijos que mamá y papá están preocupados por darles a otros.

Como familia, patrocinamos a un niño en El Salvador a través de Compassion International (Compasión Internacional); a Lauren le encanta escribirle. Además del apoyo normal que les damos, nos gusta ser creativos. Una vez fui a un mercado ambulante y compré bastantes bates, guantes y numerosas pelotas de béisbol, ¡lo suficiente para que todo el barrio pudiera jugar! Lauren desempeñó un papel importante en encontrar y comprar el equipo, así como en flejar y enviar el paquete.

Mi consejo se resume así: Si quieres criar a una niña compasiva, entonces dale algo por lo cual ser compasiva. Tu meta final es formar a una niña que sea independiente una vez que termine la universidad, que sea capaz de tener éxito sin el cuidado de mamá y papá, y sin que constantemente le estén diciendo lo especial que es a pesar de haber obtenido una calificación baja en su examen final de química.

Aunque a mí no me gusta llenar de actividades el horario de una niña, lo que sí me gusta es que forme parte de un grupo como el 4-H Club, donde se reúnen de acuerdo a su edad. Ahí un niño puede hacerse responsable de un proyecto (por ejemplo, de criar a un becerro) y aprender a llevar el proyecto desde el principio. Al final, si hacen un buen trabajo, se llevan el listón azul en la feria; ¡y se lo han ganado! Ese sentimiento de logro y de orgullo es algo bueno, porque está basado en una realidad sustantiva. No sólo se esforzaron duro, sino que tuvieron éxito. En el mundo real esa es una diferencia significativa y una distinción bastante importante.

Un hombre maduro que conocí, se acuerda de haber hablado con su papá después de que su equipo perdió un partido importante. El muchacho cometió un par de errores que él sabía que no debería haber cometido. El padre no regañó a su hijo, ni lo castigó por no ser perfecto, pero le dijo: "Hijo, quiero que recuerdes lo que se siente perder y nunca lo olvides. Esa es la motivación que necesitas para esforzarte más la próxima vez". Aunque a algunas de ustedes les puede parecer duro, consideren un momento cómo va a responder su muchacho cuando lo rechacen en su primera entrevista de trabajo. En lugar de llorar porque la compañía no vio sus cualidades "especiales", habrá aprendido cómo hacerse mucho más atractivo para su siguiente entrevista de trabajo: una lección extraordinariamente valiosa.

El verdadero estímulo reconoce lo que un niño hace, y distingue sus verdaderos logros; ya sea que esos logros sucedan en casa o en la escuela. Se trata de apreciar las cosas que merecen ser apreciadas, y de tomarse el tiempo para mencionarlas.

Este es un ejemplo de mi propia familia. No hace mucho tiempo, Hannah y yo conversamos. Le dije lo orgulloso que estaba de los amigos que había escogido. Le señalé las características positivas de sus amigos, y la razón por la cual pensaba que eran buenos compañeros, y le mencioné lo feliz que estaba de que estuviera siendo tan sabia para escoger a las personas con quienes pasaba su tiempo libre. ¿Cómo hice sentir a Hannah? Le dio un cálido sentir de logro: *Mi padre está felicitándome por mis elecciones, lo cual debe de significar que puedo tomar decisiones sabias.* Hacerles comentarios semejantes a los niños sólo va a incrementar su confianza y los va a ayudar a que en el futuro las decisiones que tomen sean sabias

La alta autoestima, la verdadera y sana, la vitamina E, se construye en los niños así: Alienta su adecuada manera de pensar. Valora las decisiones y acciones que son dignas de aliento, y no seas parca con tus palabras al mencionarlas. Pero haz a un lado ese asunto de echar porras vacías: "Eres especial porque eres tú".

Si te das cuenta, lo más importante que les enseñamos a nuestros hijos es a tomar las decisiones correctas.

Por esa razón acostumbro leer el periódico de tal forma que mis hijos me oigan. Leo acerca de los accidentes automovilísticos causados por negligencia, de estudiantes universitarios que se intoxican con alcohol, y conversamos acerca de la noticia. Una vez comenté: "¿Qué habrá estado pensando ese muchacho?". "Ese es el problema", contestó uno de mis hijos, "no estaba pensando".

Con un niño más pequeño necesitas reducirlo a un nivel más básico: "Jeffrey, mamá se puso muy feliz hoy cuando le ayudaste con tus juguetes a Hannah. ¡Eso demuestra que estás creciendo, ya casi eres un niño grande!".

Tal vez puede convertirse en algo bastante resbaloso, lo admito. Necesitas acercarte a tu hija y animarla por lo que acaba de hacer, sin a) exagerar, y sin b) comunicar la falsedad de que mamá y papá la aman por lo que hizo. No estoy hablando de amor condicional. Solo estoy diciendo que es mejor construir una buena autoestima sobre logros sustantivos, y no sobre banalidades.

En casi todas las actividades de un niño, tienes la oportunidad de fortalecer el carácter de tu hijo con la vitamina E. Tomemos como ejemplo algo tan simple como enseñarles a guardar sus juguetes. Con un niño de ocho años puedes decir:

80

"Mi amor, quiero que recojas todos estos juguetes en cuanto termine el programa que estás viendo". Y él debe poder hacerlo. Con una niña de dos años no puedes decirle solamente: "Levanta tus juguetes". Necesitas agacharte con tu niña y ayudarla a guardar sus cosas. También necesitas tener expectativas realistas, ya que su idea de guardar los juguetes puede ser levantar el camioncito de plástico y echarlo en una caja. Cuando lo haga, puedes estimularla con algo como: "Gracias por ayudar a mamá", e, incluso, aplaudir. En la mayoría de los casos una niña de esta edad va a sonreír y va a aplaudir junto contigo. El beneficio, tan simple como suena, es que tu hija piensa: *Puedo ayudarle a mamá. ¡Mamá vio que ayudé!* Y ya está preparada para llegar a entender el concepto de que puede devolverle algo a la familia. No puedo decirte con más vehemencia lo importante que va a ser este sentir de estima y de pertenencia familiar una vez que tu hija llegue a la adolescencia.

81
••••

5. QUEDAR ATRAPADOS EN LA COMPETENCIA

¿Estás criando al tipo de beba que sólo usa la ropa más reciente de BabyGap, los trajecitos de Hannah Anderson u otras prendas caras de marca? ¿Te preocupa que tu hija tenga los últimos juguetes de estimulación cerebral, que se desarrolle más rápido que otras niñas de su edad, y comience a hablar antes también?

Los padres que encuentran juguetes educativos diseñados para niños de dos y tres años y se los compran a sus hijos de nueve meses, luego se emocionan cuando el niño juega con ellos y dicen: "¡Mira qué avanzado está para su edad! ¡Se supone que no debería poder jugar con eso sino hasta dentro de quince meses!".

Tú no trates de presionar a tu hija. Una niña de nueve meses puede disfrutar de casi cualquier cosa si es que su mamá se emociona al ver lo que hace; así que no significa mucho si juega con juguetes más avanzados. Además, el desarrollo humano es un proceso largo. Si de pequeña tu hija tiene un desarrollo acelerado, eso no garantiza que la niña vaya a estar arriba del promedio durante toda su vida; quizá sus compañeros la rebasen en preescolar o hasta que ingrese a la escuela media superior. Pero cuando llegamos a los veinte años, pocos quedaron arriba del promedio, pocos están por debajo del promedio y la gran mayoría estamos justo en el centro. Al final, ¿realmente importa mucho?

El juego "Bueno... pero mi hija..." es algo que debes evitar como si fuera la peste. El juego "Bueno... pero mi hija..." es el que dice:

Mamá número uno: "¡Mi hijo dijo su primera palabra a los nueve meses!".

Mamá número dos: "*¡Bueno... pero mi hija* dio sus primeros pasos a los ocho meses y medio!".

Mamá número tres: "¡Pues todos mis hijos ya iban solos al baño a los dieciocho meses!".

El desarrollo humano no es una carrera. ¡No se trata de ver quien llega primero a ningún lado! El carácter necesita madurar con el tiempo, y realmente no se puede ver sino hasta que somos adultos. Probablemente puedo enumerar cientos de muchachos que de bebés se voltearon solos sobre la cama mucho antes que el resto de sus contemporáneos y que luego terminaron en la cárcel. No te preocupes si el desarrollo de otros niños es mejor en comparación con el de los tuyos, ni te jactes si el progreso de tu hijo parece ser más avanzado. No importa.

La excesiva motivación puede producir una maternidad desastrosa. Ten cuidado. Si estás determinada a ser la madre perfecta (el tipo de mamá que lee tres revistas diferentes sobre maternidad, todos los libros recientes, y que grafica el progreso de su hija cada mes con precisión) y tomas todo a título personal (esa es la clave), tu hija, en un momento u otro, va a usar eso en tu contra. Se va a dar cuenta de que le has dado una buena cantidad de poder sobre ti.

Quizá se espere hasta cumplir ocho o nueve años, o hasta ser una adolescente, para rebelarse. Probablemente se lo guarde hasta que se vaya a la universidad. Pero, inevitablemente, incluso una niña de inteligencia promedio, va a percibir la motivación que tanto te tensa, y va a pensar: *Mamá quiere ser la mejor en todo; ¡creo que voy a usar eso para mi propio beneficio!* Los niños tienen una comprensión intuitiva muy precisa acerca de lo que queremos que hagan, y los que son voluntariosos realmente van a hacer que tengas dificultades si perciben que tu motivación es ser la madre perfecta que está produciendo hijos perfectos.

En lugar de comparar a tu hija, disfrútala. Como sucede con el jacinto: plantas la semilla, esperas un momento, mantienes tus ojos bien abiertos, disfrutas el primer brote y luego te dejas enamorar por la belleza de lo que finalmente va a surgir hasta dentro de veinte años.

Te pierdes de tantas cosas cuando caes en la trampa del juego de las comparaciones. Tu primogénita nunca va a volver a ser tan pequeña como es ahora. Recuerdo cuando cargaba a mi cuarta hija, Hannah, que pesaba 2.36 kg cuando nació. Me cabía en una mano, y yo me repetía a mí mismo: "¡Es tan pequeña! ¡Se parece a los robalitos que suelo pescar!".

Como ya había criado a tres niños casi hasta su mayoría de edad antes de que llegara Hannah, es probable que por eso la haya disfrutado completamente. Me encantaba cuando pesaba 2.36 kg y me volvió a encantar cuando subió a once kilogramos. No dejé de estar fascinado con ella cuando al parecer se quedó atorada en veintisiete kilos durante dos años; y me gusta tanto ahora que ya pesa casi cuarenta y cinco. ¡Cuando se case y tenga nueve meses de embarazo me va a encantar de nuevo, cuando pese sesenta y ocho kilos!

Apenas ayer (al estar escribiendo esto), estábamos jugando a que bailábamos en su boda. Posiblemente Hannah olvide ese momento, pero yo nunca. Yo sé lo rápido que pasan los días, así que me estoy aferrando a ese recuerdo, y no voy a perder uno sólo por compararla con sus amigas. Francamente, no me importa cuál de sus amigas está diez centímetros más alta, corre el kilómetro y medio treinta segundos más rápido, o cuál obtuvo veinte puntos más en la prueba de coeficiente intelectual. De todas las personas que hay en el mundo, incluyendo las estrellas del pop, actrices, escritoras, líderes de opinión, o quién se te pueda ocurrir, prefiero a Holly, a Krissy, a Kevin, a

Hannah y a Lauren Leman, ciento por ciento.

6. EMOCIONARSE DE MÁS

Ya he volado millones de kilómetros. Y no es una exageración. Solamente en American Airlines ya rebasé la marca de los cinco millones de kilómetros. He volado a través de todo tipo de turbulencia o inconveniente que puedas imaginar.

Pero todavía recuerdo la primera vez que pasé por una turbulencia. Nos elevamos, el avión comenzó a sacudirse y yo a entrar en pánico. *¿Qué está pasando?*, me preguntaba. *¿Qué está pasando?*

Pero entonces miré a mi alrededor. El hombre que estaba sentado junto a mí siguió leyendo su periódico como si nada estuviera sucediendo, y la mujer del otro lado del pasillo no estaba comenzando a sudar. Ver su calma me ayudó a calmarme. Aprendí que la turbulencia es una parte normal del vuelo en avión, como los saltos ocasionales cuando uno conduce un coche; no hay nada de qué asustarse.

Hoy, ocasionalmente, veo a otros novatos enfrentar su primer episodio de turbulencia. La ansiedad invade su cara, hasta que voltean a su alrededor y ven que todos están bastante calmados. Entonces, ellos también se calman.

Como eres madre por primera vez, vas a pasar por muchas pruebas y ansiedades por primera vez. Con el segundo, no te vas a preocupar tanto por estas mismas pruebas porque ya pasaste por ellas antes, y aprendiste que tu beba sobrevivió a la fiebre y a un ataque ocasional de diarrea.

Sin embargo, a diferencia de volar en un avión, los padres primerizos no tienen en su propia casa a quién ver, por lo cual su tendencia es inquietarse un poco de más con las cosas menores.

¿Por qué esto es un problema?

Bueno, ¿recuerdas cuando hablamos acerca de establecer un vínculo? Dije que no sólo tú vas a poder leer a tu hija, sino que también tu hija te va poder leer a ti. No vas a poder esconder de tu beba la ansiedad que sientes. Mamá: ella te conoce. Cuando la abrazas, escucha tu corazón latiendo a 150 pulsaciones por minuto y piensa: *¿Qué es esto?* *¡Algo debe estar mal!* Cuando tu tono de voz es de preocupación o de ansiedad, ella lo registra como un polígrafo. Nada se le escapa, porque durante varios meses tú has sido todo su mundo. Te ha estudiado y te conoce, y es la última persona a quien puedes engañar.

A los bebés les va mejor cuando sus mamás están calmadas y confiadas; les da un sentido de seguridad, de serenidad y de paz. Aprende a hablar palabras de alivio en lugar de cargar a tu hija a la menor queja. Tu beba va a recibir esas señales. Si ella escucha que le hablas con calma, ella va pensar: *Bueno, mamá no está molesta; todo debe estar bien. Creo que yo también me voy a calmar.*

Lo que veo que sucede muchas veces con las madres primerizas, es que cuando el bebé se agita, provoca que la madre también se agite, lo cual hace que el bebé se agite más, y eso lleva, por supuesto, a que la mamá se agite más... y así continúa.

¿Te doy un consejo? Relájate. Cálmate. Muéstrale una actitud calmada a la beba. No manejes los asuntos menores como si fueran situaciones de vida o muerte.

Otra forma en que las madres se emocionan de más es cuando tratan el desarrollo normal como si su hijo hubiera sobrepasado a Einstein. No lo vas a repetir con tu segundo o tercer hijo, pero te garantizo que lo vas a hacer con la primera.

Como ejemplo, tomemos el primer movimiento intestinal que tu beba lleve a cabo sola en el retrete sin usar pañal. No es ningún secreto que cuando alimentas a una niña con leche materna, con fórmula o con frascos de comida para bebés, de un momento a otro lo va a expulsar del otro lado. Sucede todo el tiempo en China, en Perú, en Yugoslavia y en los queridos Estados Unidos. Los bebés comen. Los bebés evacuan.

Nada del otro mundo, ¿verdad?

Frederick, quien tiene veinte meses, finalmente entiende cómo son las cosas y se encarama sobre el retrete grande (no sobre el de plástico, sino sobre el gran retrete hecho de cerámica). Después de un minuto o dos de concentración, hace "del dos", y ¿adivina quién va pasando por allí? Mamá-novata; ella misma.

Mamá-novata da un doble salto mortal cuando ve a

85
····

Frederick en "el gran retrete". Luego, mira dentro del mueble de cerámica y descubre que Frederick ha creado una obra de arte de doce centímetros, que flota apaciblemente sobre la superficie. Orgullosa como pavo real, Mamá-novata le grita a su marido: "¡Harold, Harold, ven rápido! ¡Ven a ver lo que acaba de hacer el pequeño Frederick!"

Papá-novato deja de leer la sección deportiva, mira dentro del retrete y dice: "Qué bien, hijo. Buen muchacho. Realmente te salió muy bien".

¿Qué es lo que piensa Frederick a sus veinte meses?: *Mira, eso estuvo realmente fácil; una pequeña pujada y listo. Esta gente hace cualquier cosa por un poco de entretenimiento.*

Si exageras los detalles de la vida, te estás poniendo en posición para recibir una decepción bastante fuerte; también te arriesgas a formarle un complejo de mesías a tu hija. Cuando comienzas a preocuparte demasiado por lo básico: la comida de la niña, las evacuaciones de la niña, la hora de dormir, etc., estás haciendo demasiados aspavientos por nada. En poco tiempo, si exageras tu reacción a estas cosas, la niña va a comenzar a reaccionar en tu contra. Por dentro va a pensar: *Realmente eso los mueve, ¿eh?* Y luego tu hija va a usar ese nuevo poder en tu contra.

Si exageras, conviertes las cosas normales en luchas de poder. He visto a padres, con títulos de doctorado, hacer el ridículo con la cuchara de la comida, tratando de hacer que el niño coma: "Aquí viene el avión, amor. ¡Abre grande para que entre el avión!". Tan pronto como el avión entra en el espacio aéreo, justo frente a la boca del niño, los labios del niño se cierran completamente. ¡El hangar está cerrado!

Por otro lado, las madres primerizas se ponen nerviosas porque su beba llora. Pero recuerda: Los bebés lloran. ¡Eso es lo que hacen! Si eres mamá por primera vez, de seguro has estado abrazando y besando a tu hija, y le has estado cantando todo el día. ¡Oye, si me tratas así yo también voy a llorar cuando te vayas!

El resultado de los movimientos intestinales no es un gran logro. Descubrí eso cuando era niño, al experimentar con las muñecas de mi hermana Sally. Lo que entra tiene que salir. Lo sé porque lo probé con Pepsi, leche, té helado (y algunas otras sustancias de las que prefiero que mi mamá ni se entere), y todas ellas salieron del cuerpo de plástico de la muñeca que estaba diseñada para comer e ir al baño.

Mamá, aunque lo seas por primera vez, lo que está sucediendo pasa todos los días, y así ha sido durante miles de años.

7. EXAGERAR LA DISCIPLINA

Como eres madre por primera vez, probablemente no estás tan familiarizada con la conducta apropiada de cada edad, como las que ya son madres por segunda o tercera vez. Por esta causa, vas a tender a disciplinar de más a tu hija.

Varias veces he escuchado historias como esta: Niña de tres años roba galleta y luego miente; mamá primeriza da de nalgadas a la niña, la acuesta a dormir sin cenar y la trata como ciudadana de tercera clase durante cuatro días. "¿Le estás mintiendo a mami otra vez? ¿Estás segura? Voy a contar las galletas otra vez, porque ¿sabes?, mami ya no puede confiar en ti".

Con los niños más chicos es mejor aprovechar la oportunidad para entrenarlos, que avergonzarlos y herir su dignidad. Si mi hija de tres años se robara una galleta y luego mintiera, yo simplemente la tomaría aparte y le diría:

—Amor, escucha. Sé que eso no es verdad. Aquí había tres galletas hace cinco minutos y ahora sólo hay dos. Nadie más ha estado por aquí excepto tú y yo. Tú tomaste esa galleta, ¿no es así?

—A lo mejor.

—Amor, ¿cómo te sentirías si me pidieras que te llevara a comprar un helado y yo te dijera que sí; pero cuando salieras de tu habitación con los zapatos puestos, lista para ir, te dijera: "Nunca te dije que te llevaría a tomar un helado. Regresa a tu habitación y quítate esos zapatos"? A ti no te gustaría que yo te mintiera, ¿o sí?

—No.

—Ves, amor. Es muy importante que en una familia todos digamos la verdad. De esa manera podemos confiar uno en el

87
····

otro. Así que déjame preguntarte otra vez: ¿tomaste la galleta?

—Sí.

Quizá, después de su confesión, quieras suspenderle el postre de la comida o de la cena, pero cualquier otra cosa de más es crueldad. ¡No conviertas un barro en el monte Santa Elena!

Algunas veces, olvidamos que los niños son personas, no robots. Se cansan, y cuando se cansan se ponen irritables. Algunas veces, su irritabilidad es nuestra culpa; los mantenemos despiertos hasta tarde, exageramos con la disciplina y luego nos preguntamos por qué se comportan tan mal.

Muchas veces, es mejor simplemente acostar a la niña para que tome una siesta cuando está tan irritable, que tratar de darle una lección por un acto de impaciencia. Aprende a reconocer las limitaciones humanas de tu hija y deja de esperar que responda siempre con constancia robótica. Tómate el tiempo de saber qué está sucediendo: "¿Estás asustada, amor? ¿Te duele algo? Te apuesto a que estás muy cansada, ¿verdad?"

Muchos padres primerizos perciben cosas en la conducta de un niño que no son ciertas. El niño está cansado, pero el padre actúa como si el muchacho fuera un criminal en ciernes. En lugar de actuar así, resuelve el problema de su cansancio y la aparente rebeldía se derretirá; así, cuando surja la *verdadera* rebelión la podrás manejar.

La sana y normal curiosidad, a veces se confunde con rebeldía, lo he visto. Una vez, mientras estaba conduciendo un programa de radio, recibí una llamada de parte de una madre de una niña de nueve meses. Y me dijo:

—Doctor Leman, esta mañana mi niña me desobedeció deliberadamente, y quiero saber cómo hacer para que aprenda a comportarse.

—¿Qué hizo? –le pregunté.

—Fue hacia el sofá y tomó unos cojines decorativos. Le dije que no los tirara al piso, pero me miró directo a los ojos y los tiró de todos modos. Son unos cojines hermosos, hechos a mano, carísimos.

Yo quería convencer de inmediato a esta mamá de lo poco que le importa a una beba de nueve meses cuánto cuestan los cojines, o cómo fueron elaborados; pero me contuve lo suficiente como para preguntar:

—¿Y usted qué hizo?

—Le di un buen bofetón. ¡No lo va a volver a hacer!

—¿Cuántos meses dijo que tenía su beba? –le pregunté de nuevo.

—Nueve meses.

Yo estaba perplejo.

—¿No entiende que lo que su hija hizo es una conducta que va de acuerdo con su desarrollo? Ella no la está desafiando; y mucho menos a esa edad. Solo fue un juego. Ella vio los cojines llenos de color, y no puede comprender que un cojín cueste dos dólares y el otro cincuenta; ella sólo vio la decoración y pensó que sería divertido ver cómo caían al piso.

A los bebés les encanta la ley de causa y efecto; apenas están descubriendo el mundo. Están descubriendo la gravedad, qué se siente tener comida en el pelo o en las manos, el sonido que hace un vaso de agua cuando cae al piso, la manera en que un perro salta cuando le jalan la cola; todo eso es nuevo para ellos. Su falta de experiencia implica que no les importa si están tirando al piso platos comprados en una tienda de descuento o tu vajilla de bodas; para ellos es lo mismo.

Para evitar las exageraciones, es bueno que leas lo suficiente acerca de los niños. Eso te ayudará a no darle una bofetada a un niño por hacer algo que es normal con respecto a su nivel de desarrollo. Recuerda: tu meta no es controlar a tu hija; tu meta es ser la autoridad de una manera sana. Si todo lo que haces es controlar a una niña que es fácil de controlar, estás preparando a tu hija para ser un blanco fácil en los años de adolescencia, cuando la presión de sus compañeros reemplace la influencia de los padres.

No estoy sugiriendo que debas ser pusilánime en tu manera de disciplinar, pero no le pongas la etiqueta de rebelión a cada acción infantil o a cada experimento inducido por la curiosidad.

8. NO DISCIPLINAR

La estrella del baloncesto, Jason Kidd, juega con un estilo que llama mucho la atención. Encuentra y crea vías para lanzar un pase que pocos podrían imaginar, lo cual lo ha convertido en el favorito de los hinchas, así como en un compañero de equipo muy apreciado por aquellos que se benefician de sus pases.

Pero su historia tiene un lado oscuro.[3]

La tensión en el hogar de los Kidd se había vuelto bastante fuerte después de cinco años de matrimonio. Explotó el 18 de enero de 2001, cuando Joumana (la esposa de Jason) le dijo a Jason que no comiera del plato de T.J. (su hijo). Jason respondió escupiéndole una papa frita a su esposa, seguida de un puñetazo en la cara.

Joumana corrió escaleras arriba y se encerró en el baño. Llamó al teléfono de emergencia de la policía y luego colgó. Siguiendo el protocolo, la telefonista del servicio de emergencia llamó a casa de los Kidd, y Jason contestó el teléfono. Se lo pasó a Joumana, quien le dijo a la telefonista lo que había sucedido. Más tarde T.J. miró cuando la policía se llevó a su papá.

Jason se ha esforzado mucho por controlar su ira, eso hay que reconocerlo. Ha sido constante para asistir a las sesiones de consejería. Le dijo a Joumana que llamar a la policía había sido lo correcto. Su terapeuta dice que ha trabajado con cerca de doscientos atletas en casos de violencia doméstica, y que ninguno ha respondido "tan positivamente" como Kidd.

Pero el daño ya había sido hecho.

El reportero de *Sports Illustrated* (*Deportes ilustrados*), S.L. Price, señaló cómo T.J. ya imita los movimientos en la cancha de Jason: con "precisión sorprendente".

Pero eso no es todo lo que imita, desgraciadamente.

Price observó cuando Jason estaba filmando un comercial, lo cual es una tarea ardua y aburrida que consume mucho tiempo; y a T.J. se le estaba acabando la paciencia. Joumana estaba esforzándose al máximo por evitar que T.J. estorbara, lo cual solo retrasaría la filmación y haría que tuvieran que volver a empezar.

En un intento desesperado por distraer a su hijo, Joumana lo interceptó y le preguntó: "¿Cómo te fue en la escuela?".

T.J. se volteó y le dio un puñetazo "bien colocado en la mejilla", con su mano derecha.

Joumana simplemente le sostuvo la mano y le repitió la pregunta.

T.J. le volvió a pegar, y se alejó. En lugar de disciplinar a su hijo, Joumana le lanzó un balón rodando por el piso. T.J. se rió, lo levantó y comenzó a hacer sus movimientos con el balón, al igual que su padre.

Esta historia enseña la importancia de dos cosas: Primera, los niños están observando, y van a imitar no sólo tus buenos hábitos sino también los malos. Segunda, las madres no pueden ignorar una falta de respeto tan patente.

Te he advertido ya que no exageres la disciplina de tu hija, pero ahora quiero equilibrar el asunto al instarte a que tampoco la dejes totalmente. Hay una diferencia entre esperar que tu hija sea perfecta y dejar que haga todo lo que quiera sin consecuencias; no siempre es fácil, pero necesitas encontrar la paciencia para disciplinarla de una manera constante.

Cuando los niños se malcrían, suelo señalar dos causas: Recibieron una disciplina exagerada de parte de padres estrictos, o se les permitió correr con demasiada libertad. Ambos extremos del espectro arruinan el carácter.

Con tu primogénita, en particular, necesitas establecer cuáles son las reglas y seguirlas. Las reglas deben ser justas, y apropiadas a su nivel de desarrollo (tal vez, quitarle un juguete durante todo un día para que no pueda jugar con él), y debe haber consecuencias por romperlas. La razón de por qué es tan importante establecerlas con los primogénitos, es porque el primogénito no tiene la ventaja de tener hermanos mayores; no puede ver lo que su hermano mayor hace con su ropa sucia e imitarlo. Tienes que decirle qué hacer.

La diferencia estriba entre ser específico y exagerar. Cuando tu hija te pregunte qué hora es, refrena el impulso de darle una cátedra sobre la historia del reloj: "Desde el reloj solar hasta nuestros días". Por otro lado, como siempre he dicho: con una primogénita vas a tener que decir algo más que "alrededor de mediodía". Otra manera de explicarlo (para decirlo como se acostumbra): *Fíjate en lo que te debes fijar y no te preocupes por lo demás.* Que tu hija deje caer un cojín no es un asunto importante; que un muchacho de tres años le dé un bofetón a su mamá es algo grave y se debe actuar en consecuencia en lugar de ignorarlo.

9. DEJAR QUE OTRAS PERSONAS EDUQUEN A TU HIJA

Esta es tu hija. Nadie más la ama igual que tú. Quizá no llegó en el tiempo más adecuado, ya que con respecto a tu carrera posiblemente represente un gran bache que estorbe tu avance. Probablemente no estás lista financieramente. Pero ella ahí está. ¿Qué vas a hacer?

No puedes ponerla en espera durante cinco años hasta que estés más firme en tus finanzas o tus actividades se hayan calmado un poco. Cada segundo de su vida nuestros hijos avanzan sobre la carretera de la independencia, y raras veces retroceden. Una beba puede pasarse todo el día en tus brazos; pero una niña de dos años no va a soportar tanto tiempo de estar acurrucada y pronto va a querer que la bajes para correr.

Si no reduces la velocidad en los primero tres años, ¿sabes qué? el "cemento fresco" en la vida de tu hija comenzará a secarse. De hecho, hablando de su desarrollo, los primeros cinco años van a ser los años más importantes de su vida. ¿Estás dispuesta a renunciar a esos tres primeros años, o más, de la vida de tu hija, por esperar a que tu trabajo se estabilice? Ojalá que no.

Si hubiera otra manera, con gusto te lo diría, pero no la hay. La persona que pase más tiempo con tu hija durante los primeros cinco años es la persona que más va a influir en su desarrollo. El ambiente en el que tu hija crezca va a tener un impacto profundo en sus valores, creencias y actitudes. Si creas un ambiente sano, bien balanceado, alrededor de tu primogénita, es más probable que tu hija tenga una perspectiva sana y estable de la vida.

Eso significa que vas a tener que tomar decisiones difíciles y a hacer algunos sacrificios; pero, al final, todo lo que hayas hecho habrá valido la pena. Este asunto es tan importante y tan discutido por los que son padres por primera vez, que merece un capítulo aparte. (Lee el capítulo 6: "Trabajar o no fuera de casa")

Otra forma de permitir que los demás críen a tu hija, es cuando cedes demasiado fácilmente al consejo de tus padres o de tus suegros. Como eres mamá primeriza, es probable que tardes un poco en asumir tu papel de adulto hecho y derecho, que se responsabiliza por las decisiones que toma. Pero recuerda que ya no estás bajo la autoridad de tus padres. Debes hacer lo que *tú* piensas que es mejor, sin importar lo que tus suegros piensen o lo que digan delante de ti o a tus espaldas. Tú estás a cargo, así que toma el control. Nadie conoce a tu hija mejor que tú.

93

10. PERMITIR QUE TU HIJA SE CONVIERTA EN "EL CENTRO DEL UNIVERSO"

Hasta los dos años, la palabra favorita de un niño es *mío*. Y es especialmente cierto con un primogénito, ya que raras veces tiene que compartir algo. Un niño de dos años apenas está comenzando a identificarse con él mismo y con las cosas que lo rodean. Alguien que lo trata amablemente, es para él una buena persona (hasta que haga algo que no le agrade). Si quiere un juguete, cree que debe tenerlo, por la única razón de que lo quiere.

✱La madre inteligente le va a enseñar a su hijo la importancia de dar y compartir.

Mamá, mira a tu alrededor: ¿Qué ves en el supermercado o en el centro comercial? ¿Ves lo mismo que yo? ¿Ves a los niños de setenta y cinco centímetros de estatura exigiéndoles todo tipo de cosas a los adultos? "¡No, no quiero Corn Flakes, quiero algo dulce!". Cuando miro a mi alrededor, veo muchos niños hedonistas con una sola forma de ver la vida: *Todo gira alrededor de mí.*

¿Los puedes culpar? Piensa en lo que leemos. Las revistas y los periódicos están llenos de historias acerca de personas que ven la vida y dicen: *Todo gira alrededor de mí.* Por naturaleza, pensamos primero en nosotros mismos. Pero, ¿no es agradable leer acerca de alguien que le dio algo sacrificadamente a alguien más? Quizá un muchacho le donó un riñón a su hermanita; posiblemente un joven al salir a trabajar encontró una cartera con quinientos dólares y la devolvió. ¿Cómo podemos criar a niños que sean así?

Gracias a Dios, creo que el asunto de pensar primero en uno mismo está cediendo terreno. O por lo menos, finalmente estamos despertando al hecho de que otras personas son importantes; de que también otros tienen necesidades y carencias. Esta es una lección que es indispensable enseñar a los niños cuando están chicos.

Sin embargo, necesitas estar consiente de que un niño de dos años va a pasar naturalmente por la "etapa del *mío*". Tratar de obligarlos a hacer algo diferente es prematuro y no va a funcionar. Recientemente, estaba en un restaurante, y una mamá y su hijo de dieciocho meses estaban sentados detrás de mí, y la mamá traía a una beba en brazos. Por alguna razón, la mamá quería que el niño de dieciocho meses le prestara su libro a la beba, quien, obviamente, no lo podía leer. Eso hizo que el niño gritara muy fuerte: "¡Mi libro, mi libro, mmmmiiiiii liiiiiibroooo!".

Aunque simpatizo con la idea de criar a un niño que sepa compartir, e incluso la apoyo, yo quería voltear mi asiento y decirle a esa mamá que su hijo se encontraba en una etapa de desarrollo psicológico y social por la que todos los niños pasan. Su insistencia para que compartiera su libro con una hermanita que no puede leer, ni siquiera disfrutar el libro, no es sólo un esfuerzo inútil, sino que no le va ayudar al niño en lo más mínimo.

No puedes forzar a tu niña a que aprenda antes de tiempo, incluso las lecciones importantes. Pero cuando se vaya acercando a los tres años, va a ir mejorando en el aspecto de ser compartida, ¡si es que no la has hecho resentir el proceso desde antes! Compartir, es algo que se enseña con el ejemplo. Le permites a Abigail que tenga algo tuyo, y le dices: "¿Ves, Abigail? Mamá comparte contigo, papá comparte contigo, el abuelo y la abuela comparten contigo. Algunas veces tú vas a tener que compartir con tu hermanito Jeffrey".

Cuando tu hija llegue a los tres o cuatro años, pon más énfasis en este aspecto: Ayuda a tu primogénita a desarrollar dominio propio, a través de esperar su turno. Como por ejemplo, no dejar que se adelante en la fila de los helados: "Amor, necesitas esperarte. ¿Ves a las otras personas delante de nosotros? Primero ese niño va a recibir su helado, luego la niña, y ese papá con sus dos hijos, y después va a ser nuestro turno. Así que lo que necesitamos hacer ahora es pensar en el sabor que quieres pedir cuando llegues al frente". Necesitas enseñarle a tu hija a que sea consciente de los demás y a no adelantarse egoístamente.

Por eso, si tu hija es el único niño en la familia, puedes encontrar que la educación preescolar es útil por esta razón: Cuando tu hija tenga tres años necesita aprender a compartir, a esperar su turno y a trabajar con otros. Si tu hija no tiene hermanos más chicos, la escuela es un buen lugar para aprender estas lecciones. Si tu hija no asiste al preescolar, asegúrate de programar tiempos de juego en los que pueda interactuar con una variedad de niños, y asegúrate de no ir en su rescate antes de que tenga tiempo de desarrollar sus propias interacciones con otros.

LIMA LAS ASPEREZAS

Estos diez errores giran alrededor de las deficiencias de carácter más probables de una primogénita. Puedes criar a una líder o a una tirana, dependiendo si aprende a compartir o a ser egoísta. Puedes criar a una persona que tendrá influencia sobre otros o a una delincuente juvenil, de acuerdo a si la disciplinaste de más, de menos o justo lo que necesita. Puedes criar a una primogénita plena o a una resentida, dependiendo de si la criticas o le das una dosis sana de vitamina E todos los días.

Por eso te digo: Acepta las cualidades únicas de tu primogénita y las tendencias que los primogénitos desarrollan a causa de su posición en el árbol genealógico; pero luego, lima las asperezas más duras. Quita las rebabas filosas. Ella ya está programada para tener éxito. Tu responsabilidad solo es encaminarla en la dirección correcta.

LOS DIEZ ERRORES MÁS COMUNES QUE COMETEN LOS PADRES PRIMERIZOS

1. Tener un ojo crítico
2. Programar demasiados compromisos
3. Dar poca vitamina N
4. Olvidar la vitamina E
5. Quedar atrapados en la competencia
6. Emocionarse de más
7. Exagerar la disciplina
8. No disciplinar
9. Dejar que otras personas eduquen a su hija
10. Permitir que su hija se convierta en "el centro del universo"

6

Trabajar o no fuera de casa

En el aeropuerto de Atlanta, no hace mucho tiempo, mientras esperaba mi vuelo hacia Buffalo, Nueva York, me senté junto a una beba y su madre. La niña era tan hermosa como las bebas de los carteles comerciales y su madre tenía un aspecto marcadamente italiano.

La madre se puso un poco nerviosa cuando me vio, ya que, sin duda, pensó: *Ay, no. Ahora tengo que mantener callada a mi beba. Este señor ya es lo suficientemente grande como para ser abuelo, pero qué tal que no lo es. Me pregunto qué tan paciente será. ¿Qué hago si la niña empieza a llorar?*

Para tranquilizar a la madre, de inmediato, con una sonrisa, dije: "Qué bendición. Me voy a sentar junto a una beba muy hermosa. ¡Es preciosa! ¡Me encantan los bebés! Yo tuve cinco. La más chica ahora tiene once, y la mayor tiene treinta. El tiempo vuela".

La madre se relajó visiblemente y sonrió.

En el curso de nuestra conversación, durante los siguientes veinte minutos antes de que anunciaran que podíamos abordar, la madre me confesó: "Yo realmente no quería tener hijos. Ciertamente no estaba lista para quedarme en casa con ellos. Mi carrera iba muy bien. Y entonces apareció Anne", señaló a la niña con la mirada. "Y, bueno, me enamoré de mi hija. De pronto, la decisión con la que había estado luchando desde el momento en que supe que estaba embarazada: 'trabajar o no trabajar', ya no fue tan difícil de tomar."

Mujeres del siglo veintiuno: ustedes ahora tienen muchas opciones. Están logrando más que ninguna otra generación de mujeres en la historia. Por ejemplo, ese avión que tomé hacia Buffalo estaba siendo piloteado por dos personas, y una de ellas era mujer. Las generaciones anteriores de mujeres no podrían haber soñado con una oportunidad profesional semejante.

Probablemente, esa es la razón de por qué es tan difícil para las madres de hoy tomar la decisión de trabajar o no "fuera de casa". Las madres de hoy tienen todo tipo de opciones, y éstas pueden ser agotadoras. Solamente considera algunas de ellas:

- Yo podría trabajar tiempo completo en la oficina.
- Podría trabajar medio tiempo desde mi casa.
- Podría trabajar medio tiempo en la oficina y medio tiempo desde mi casa.
- Posiblemente podría trabajar solo unas horas a la semana.
- Podría suspender mis actividades laborales y regresar a trabajar medio tiempo cuando mi hija esté en preescolar.
- Podría quedarme en casa a cuidar de mi hija.

98

Como todas estas opciones quizá están girando frente a ti, voy a dedicar este capítulo a la decisión más importante que vas a tomar en el primer año de vida de tu hija: ¿Quién la va a criar?

RECUERDOS DE POR VIDA

Si alguna vez has jugado golf, puedes identificar esas poquísimas ocasiones en las que hiciste todo bien al momento de dar el golpe de salida. Le pegaste a la pelota y cayó tan lejos, dentro del campo, que miraste hacia atrás y pensaste: *¿De verdad la hice volar tanto?* En ese momento, trataste de recordar qué fue lo que hiciste para lograr que la pelota recorriera una distancia tan grande, porque lo querías repetir en el siguiente hoyo.

En la vida, mirar hacia atrás puede ser una buena guía hacia el futuro, así que quiero que comiences un viaje de recuerdos a lo largo de tu propia niñez. Tómate un momento ahora para hacer una pausa y pensar en algunos de los mejores recuerdos que tienes de cuando eras una niña pequeña. ¿Qué te viene a la mente?

Algunos de mis mejores recuerdos de niño, incluye: lanzar piedras al estanque de peces dorados del vecino durante un frío día de noviembre, en Buffalo, Nueva York, y llevar arena de un lugar a otro en el cajón de carga de mis camiones de juguete. ¿Pero sabes cuál es un recuerdo todavía mejor? Escuchar a mi mamá llamándome a comer, para luego servirme un plato de sopa de tomate caliente con sándwiches de queso. Mamá siempre le ponía una rebanadita de mantequilla a mi sopa de tomate; todavía puedo visualizar esa mantequilla cremosa derritiéndose y cubriendo mi sopa. ¡Me encantaba su sabor!

Un día, mamá estaba un poco apurada, así que me pidió que yo mismo me hiciera la sopa y los sándwiches. Le dije muy serio: "Bueno, supongo que lo puedo hacer, pero seguro que sabe mejor cuando tú lo haces, mami".

Eso fue todo lo que ella necesitaba escuchar. Dejó a un lado lo que estaba haciendo y me preparó una comida que jamás olvidaré.

Piensa en lo que te acabo de decir. Ya tengo más de cincuenta años, así que seguramente he disfrutado más de setenta y cinco mil comidas en toda mi vida. ¿Cuántas puedo recordar? No muchas. Miles de comidas se han perdido y nunca voy a poder recordarlas. Así que, ¿por qué recuerdo esta comida en particular, la sopa con la mantequilla derritiéndose en ella?

La recuerdo porque incluye sentimientos cálidos conectados con mi mamá.

Bueno, ¿sigues conmigo? Bien. Un día, esa niña que estás cargando hoy, va a tener cincuenta años, así como yo. Te puede parecer como algo realmente lejano, pero va a llegar. Y más pronto de lo que te imaginas. Cuando alguien le pida a tu hija que recuerde algo de su niñez, ¿va a hablar de la niñera que le curó una herida en la rodilla? ¿Va a hacer chistes de las comidas institucionales que disfrutaba mientras estaba en la guardería? ¿Va a recordar cómo los amarraban para hacer una fila al salir a pasear por el parque con el empleado de la guardería?

¿O tu hija va a hablar de las tardes de otoño en que tomaba una taza de chocolate caliente mientras su mamá le leía su libro favorito? ¿Se va a reír cuando recuerde los paseos que le dabas

99
••••

en su carrito, de camino a la tienda de abarrotes, para ir a comprar un litro de leche? ¿Va a recordar tu aroma cuando la abrazabas porque se cayó de la bicicleta y luego suavemente le lavaste la rodilla y le pusiste una curita que tenía los dibujitos de los personajes de Plaza Sésamo?

La decisión que tomes en las semanas siguientes va a determinar exactamente el tipo de recuerdos que tu hija tenga dentro de cincuenta años. También va a desempeñar un papel determinante sobre el tipo de mamá que *tu hija* será un día. Mientras tomas esta decisión, quiero desafiarte a que te pongas en contacto con los sentimientos de seguridad que tuviste de niña. Examina varios de ellos atentamente, y te apuesto a que vas a encontrar que cada sentimiento particular está asociado con un suceso en el que participó uno de tus padres.

Si creciste en un hogar sano, sabes que fuiste amada y puedes ver que tus padres hicieron muchos sacrificios por ti. Algunos fueron pequeños: como cuando papá dejó de leer el periódico para enseñarte a lanzar la pelota de béisbol, o cuando mamá te dejó que la "ayudaras" a hornear algunas galletas, incluso cuando ella sabía que le tomaría el doble de tiempo prepararlas *contigo* que *para ti*. Otros sacrificios posiblemente fueron más importantes: papá tomó un segundo empleo; mamá dejó de comprar ropa de moda para ahorrar y comprar tu ropa; se quedaron con el mismo coche hasta llegar a los 322 mil kilómetros y tuvieron que comprar otro automóvil usado.

"SACRIFICIO" NO ES UNA MALA PALABRA

Si estuviera escribiendo este libro para una generación atrás, este capítulo sería diferente, ya que en aquella época los padres preveían que tendrían que hacer algunos sacrificios a favor de sus hijos. Aunque el nivel de vida promedio era mucho más bajo de lo que es hoy, aun así, le daban la bienvenida a un mayor número de niños en casa. Los tiempos en verdad han cambiado. Los padres solían tener muchos hijos; hoy, los niños tienen muchos padres; y esos padres cada vez tienen menos tiempo.

En 1999, el Council of Economic Advisors (Consejo de

Asesores Económicos) reportó haber encontrado que los padres estadounidenses tienen veintidós horas menos a la semana para estar en casa, comparado con el promedio de 1969. El sociólogo de Harvard, Robert Putnam, estima que las "familias comen juntas cerca de un tercio menos que a mediados de los años setenta". También creen que los "padres tienen un tercio menos de probabilidades de tomar vacaciones, de ver televisión o incluso de conversar con sus hijos".[4]

¿Quieres continuar con esta tendencia o te gustaría luchar en su contra? Cuando decides tener un hijo, también decides hacer sacrificios. Al llevar a una nueva persona a tu familia, has aceptado una responsabilidad increíble. Y eso significa que tu tiempo, tu energía y tus prioridades ya no están centradas en ti. Para algunos, es una transición difícil. Pero recuerda esta verdad clave: *Nadie puede criar a tu hija como tú.* Puedes hacer algunos sacrificios ahora que van a marcar una diferencia tremenda en la vida de tu hija, comenzando con que, si estás casada, tú o tu marido decidan quedarse en casa todo el día con la niña.

Sí, sé que te graduaste como parte del pequeño porcentaje de alumnos que tenían las calificaciones más altas de tu clase; y que eres más inteligente que la mayoría de los hombres que has conocido. Incluso tienes una maestría o más. Pero te estoy pidiendo a ti, o a tu marido, que hagan una pausa en su carrera. Si tu marido quiere quedarse en casa y tiene el temperamento para manejar los cólicos, limpiar narices y cambiar pañales, que así sea. No me importa cuál de los padres se quede en casa, pero creo que por lo menos uno de ustedes necesita hacerlo. Antes de que mires distraídamente hacia arriba y me digas que no soy realista, o que te imagines que nací en el oscurantismo, escúchame. Y luego puedes decidir por ti misma.

Un estudio reciente de la Columbia University (Universidad Columbia) descubrió que los niños cuyas madres trabajaban treinta horas a la semana o más, antes de tener nueve meses, obtuvieron una calificación más baja en las pruebas de desarrollo mental y verbal. El efecto era más profundo en los niños que en las niñas.[5] Y esos no son los únicos efectos contraproducentes. Estamos tratando de engañarnos si pensamos que estar

101

lejos de nuestros hijos la mayor parte del día no los afecta realmente. Sí los afecta. En las áreas intelectual, emocional, social y
espiritual.

Dios te ha dado una impresionante responsabilidad. Detente
un momento y piensa en ello. Tu hija no es un accesorio. No
acabas de comprar una antena parabólica con el paquete de la
NFL instalado; es tu hija *(nota del traductor:* NFL es la National
Football League [Liga Nacional de Fútbol Americano]). Las
decisiones que tomes acerca de quién cuide a esta niña, literalmente van a darle forma a la vida de otro ser humano. ¿Por qué
no querrías hacer todo lo que pudieras para dejar una impresión positiva en la vida de tu hija? Una vez más, hablando como
psicólogo, te aseguro que no la puedes educar a distancia, ni
puedes dedicarle solo medio tiempo. Un niño merece ser cuidado tiempo completo, por lo menos, por uno de los padres, de
ser posible.

¿Y QUIÉN PAGA LAS CUENTAS?

A todos los lugares a donde voy, las mujeres me dicen: "Pero
es que usted no entiende, doctor Leman, necesito trabajar".

La palabra *necesito* me causa problemas. Muy a menudo
necesito, significa querer conducir cierto modelo de coche, vivir
en cierto vecindario e ir de vacaciones a lugares exóticos.
También significa en muchísimos casos, que "con el dinero
extra podremos darles mejores oportunidades a nuestros hijos".

¿Cómo qué? ¿Inscribir a tu hija en la loca carrera de la vida,
inscribiéndola a todos los programas disponibles, para que no
"se pierda" de nada?

Muchas parejas insisten en que tanto el marido como la
esposa deben trabajar tiempo completo, y supongo que en
ciertas circunstancias esto podría ser verdad. Pero, la mayor
parte de las veces, no creo que sea así. En la mayoría de los
casos, ambos cónyuges trabajan simplemente para incrementar
sus posesiones. Si eres madre soltera, probablemente necesites
trabajar, pero las preguntas que debes hacerte son similares:
*¿Qué tanto estoy trabajando? ¿Es para proveer nuestras necesidades
reales, o simplemente para añadir posesiones para asegurarme de*

que mi hija tenga todas las oportunidades "adecuadas"?

Cuando estés dispuesta a sacrificarte, vas a aprender a arreglártelas sin algunos privilegios y con muchas menos posesiones extra. Cuando nació Holly, Sande y yo teníamos sólo un coche. Ambos crecimos en familias con dos coches, y todos los que conocíamos tenían dos coches, pero a nosotros no nos alcanzaba para pagarlos ya que ambos acordamos que Sande se quedara en casa con los niños. ¿Cómo lo decidimos? Nos hicimos preguntas similares a las que te voy a presentar en este capítulo.

Como consecuencia de estos años, conozco el miedo de vivir con gastos que siempre parecen mayores a los ingresos. No soy extraño o ajeno a la necesidad financiera. Sé exactamente lo que se siente tener que decidir entre comprar leche o detergente en un viaje a la tienda.

La gente me conoce como el autor de libros con grandes ventas, que tiene dos casas, pero no siempre fue así. Y ciertamente, no lo era cuando los primeros tres niños eran muy chicos. En 1981, antes de que comenzara a publicar libros y sólo aconsejaba en mi consultorio privado, ganaba apenas $22,000 dólares al año. Por cierto, en esa época teníamos tres hijos. En aquella época, cuando recibimos una carta que nos anunciaba que el pago por la hipoteca de nuestra casa iba a aumentar de $188 a $212 dólares al mes, casi me muero. Todavía recuerdo estar sosteniendo la carta en mi mano, pensando: *¿Qué vamos a hacer?* Tan sorprendente como parezca, honestamente no tenía idea de cómo poder tener $24 dólares más al mes, pero hicimos lo que cualquier cantidad de padres hubiera hecho: nos atuvimos a lo que ingresaba, recortamos gastos e hicimos más sacrificios.

Pero nunca cuestionamos nuestra decisión de mantener a Sande en casa. Cuando recién nos casamos, Sande trabajaba como representante de servicios de la compañía telefónica; ella renunció cuando nació Holly. Una vez que todos los niños entraron a la escuela, Sande trabajó como maestra de preescolar, para que pudiera estar en casa en cuanto llegaran los niños y, así, ayudar con el sustento familiar.

En esos años, hubo muchos momentos que nos enseñaron a

103

ser humildes: Casi no comprábamos ropa, y aceptábamos agradecidos la ropa usada que de alguna forma aparecía en nuestra puerta principal o en nuestra sala. Nuestro premio mayor era ir a una cafetería en la que nuestra familia de cinco personas podía comer por menos de $15 dólares.

Como sólo teníamos un automóvil y yo me lo tenía que llevar al trabajo, la gran salida de Sande era cuando mi papá la recogía a ella y a los niños para llevarlos al restaurante de Sambo, hogar de la taza de café a diez centavos.

Aunque fue un sacrificio, lo soportamos. ¿Y sabes qué? No cambiaríamos nada. Tan loco como esto te pueda sonar, algunas veces siento nostalgia por esos años, en que estábamos viviendo al día, confiando en Dios, y yo me sentía tan satisfecho de saber que Sande estaba en casa con los niños. Me recuerda la vieja canción de Johnny Mathis: "The Hungry Years" (Los años de hambre), en la que Mathis dice que extraña mucho esa época.

Este es otro aspecto del que no se habla a menudo: Aunque tuvimos que sacrificarnos durante una buena década para hacer realidad nuestro sueño de que Sande se quedara en casa con los niños, ahora hemos disfrutado tres décadas de ser una familia muy unida. Mi amigo Moonhead (sí, lo sé, ¡vaya nombre!) se ríe de que los miembros de mi familia lloramos unos con otros cuando alguno se tiene que ir durante cierto tiempo (*nota del traductor:* Moonhead significa "cabeza de luna"). Cuando vemos hacia el futuro, nuestro deseo es mantenernos unidos como familia, aun y cuando todos mis hijos ya sean adultos.

Y ahora dime tú qué piensas: ¿valió la pena sacrificarnos toda una década para pasar cinco o seis décadas siendo parte de una familia bastante unida y especial?

¿Crees que mis hijos todavía querrían seguir reuniéndose si nuestra vida familiar hubiera sido a la carrera, tropezada y fragmentada por tantas actividades que apenas hubiéramos tenido el tiempo de conocernos? Lo último que una madre que trabaja tiene por la mañana es tiempo sin apresuramientos, y lo último que tiene en la tarde es energía. Como resultado, el bebé suele recibir poca atención en ambos extremos del día.

¿Piensas que tus hijos consideran tu hogar como un lugar

104

cálido por el contraste de haber sido criados constantemente en guarderías? Posiblemente parezco muy radical en esto, pero toda una vida de aconsejar a las familias me ha convencido de que tus hijos no piensan así.

Sande y yo hemos hecho muchos sacrificios, pero estamos cosechando las recompensas de esos sacrificios cada día, ahora que tres de nuestros hijos son adultos.

FACTORES A CONSIDERAR

Aunque ya sabes lo que Sande y yo decidimos hacer con su trabajo cuando nuestros hijos estaban chicos, cada familia necesita tomar su propia decisión de "Trabajar o no fuera de casa", porque cada familia tiene una dinámica distinta, gracias a las personalidades diferentes, a los niveles de energía y a los niveles de ingresos, por nombrar solo algunos factores.

Al tomar tu decisión, considera en oración lo siguiente:

RECONOCE TU PROPIO NIVEL DE ENERGÍA

Seamos realistas. Algunas personas tienen más energía que otras. Necesitan dormir menos. Pueden manejar más actividades y a más personas con menos estrés que otras. Convertirte en mamá va a ser una de las responsabilidades más estresantes y más consumidoras de tiempo de toda tu vida. Si trabajar medio tiempo o tiempo completo te agotan hoy, y tienes problemas para manejar *ahora* tus otras responsabilidades, como lavar ropa, cocinar, hacer el quehacer, considera que va a ser mucho más difícil cuando tengas un niño. Sin mencionar el hecho de que vas a tener muchas más cosas que hacer, con más interrupciones en tu sueño, por lo cual no vas a estar al máximo física, mental y emocionalmente.

AJÚSTATE A LA ETAPA, EDAD, NECESIDADES Y PERSONALIDAD DE CADA UNO DE TUS HIJOS

Que trabajes fuera de casa o no, o incluso si trabajas como "freelance" en casa, depende de la edad de tu hija. Por ejemplo, puede ser más sencillo acomodar un par de horas de trabajo al día si tu hija toma dos siestas al día. Cuando tu hija crezca y únicamente tome una siesta, y luego, cuando deje de tomarla,

105
••••

las horas para dedicar al trabajo pueden ser pocas y espaciadas, y las tendrás que dedicar a atender a la niña y la casa. Quizá sea más sencillo trabajar diez o quince horas a la semana cuando tu hija esté en preescolar, utilizando dos o tres horas al día, cinco días de la semana.

También algunos niños necesitan una interacción más continua que otros. Posiblemente, tu hija se puede sentar a un lado de tu escritorio, en su propio escritorio y dibujar felizmente mientras trabajas una hora en tu computadora. Probablemente, tu vecina tenga una hija que no pueda estarse quieta durante más de cinco minutos sin la interacción con sus padres o sin que un adulto le sugiera nuevas actividades. Algunos niños se adaptan fácilmente al ruido y a mucha conmoción, así que estar con compañeros en un grupo es algo que disfrutan. Pero otros, más introspectivos por naturaleza, quizá no obtengan el tiempo a solas que necesitan para florecer emocionalmente, cuando están constantemente con otros niños.

Tú eres la única que puede juzgar la edad, la etapa, las necesidades y la personalidad de tu hija en particular. Sólo recuerda que lo que decidas hoy quizá no funcione dentro de un año. Necesitas ser flexible y adaptarte, preocuparte por evaluar lo que tu hija necesite y saber cuál es el momento de dárselo. Eso significa que es necesario que estudies a tu hija para *conocerla* íntimamente.

IDENTIFICA TU VERDADERA MOTIVACIÓN PARA QUERER TRABAJAR

Si estás considerando regresar a trabajar, o permanecer trabajando tiempo completo, medio tiempo o por lo menos algunas horas para permanecer en el ramo, hazte algunas preguntas honestas: ¿Estás considerando trabajar para pagar las cuentas o para conservar el seguro médico? ¿Sientes que necesitas un trabajo para "ser" alguien? ¿Para demostrar tu valía? ¿Para conservar tu posición de poder en la familia? ¿Para probar que *puedes* obtener un ingreso, y por lo tanto eres valiosa?

Algo que te puede ayudar a tomar una decisión firme que, además, sea una decisión sana para tu beba, es estar al tanto de tus motivos ocultos.

No olvides que, contrario a la opinión de algunas personas, ser mamá ya es un trabajo de tiempo completo, y es un trabajo verdadero, uno de los más llenos de actividades del mundo. ¿En qué otro trabajo jamás puedes salir de vacaciones? Sé que no recibes un cheque a la semana, pero las recompensas son mucho más duraderas que los billetes en tus manos.

TOMA EN CUENTA LOS COSTOS QUE OBVIAMENTE TENDRÁS PARA QUE CUIDEN MEDIO TIEMPO O TIEMPO COMPLETO A TUS HIJOS

Muchas mamás asumen que trabajar siempre va a ser conveniente para la familia. Pero considera cuidadosamente los costos de las guarderías. Si tu hija está continuamente en una guardería, como una guardería establecida o inclusive en una casa privada, normalmente pagas la misma cuota cada semana, o cierta cantidad de dinero por hora. Una mamá me dijo una vez: "En la ciudad de Chicago, me cuesta $8 dólares la hora que me cuiden a mi hijo en casa de una amiga. Eso quiere decir que me cuesta $64 dólares el día completo. Si yo gano $15 dólares por hora, eso significa básicamente que en realidad estoy ganando $7 dólares por hora, eso sin descontar lo que cuesta la gasolina y el tiempo que utilizo en llevar y recoger a mi hijo de casa de mi amiga. Me tuve que preguntar a mí misma: *¿Vale la pena? ¿Estar lejos de mi hijo todo el día para sólo ganar $5 dólares por hora, una vez que le descuente el transporte y la comida?*".

Muchos sistemas de guardería están diseñados de tal forma que si decides tomarte un día sin ir a trabajar para hacer algo divertido con tu hija, de todas maneras tienes que pagar el día. El pago garantiza el lugar de tu hija en la institución. No tienes tanta flexibilidad como piensas. Además, en algunos lugares cobran cuotas adicionales por llevar a los niños al zoológico o al museo, por ejemplo.

Te aconsejo que evalúes cuidadosamente lo que en realidad estás *ganando* cuando tienes que pagar por la guardería.

RECONOCE LOS COSTOS OCULTOS QUE RESULTAN DE TRABAJAR FUERA DE CASA

Este es el aspecto que la mayoría de la gente pierde de vista. Cuando trabajas fuera de casa, ya sea medio tiempo o tiempo completo, muchas veces tienes que mantener cierto guarda-rropa profesional, incluso si vas a la oficina sólo un par de horas. Si estuvieras en casa con los niños podrías comprarte diez conjuntos casuales "para estar en casa" por el mismo precio de un traje de negocios.

También considera: ¿Vas a gastar más en abarrotes por comprar las comidas "listas para consumir", en lugar de cocinar tú? ¿Tendrás que comprar más comida "para llevar" y visitar más los restaurantes?

¿Cuánto dinero vas a gastar en el transporte de ida y vuelta a tu trabajo, y del lugar donde tu hija estará durante el día?

BUSCA EL TIPO DE AMBIENTE PARTICULAR EN QUE TU HIJA SE PUEDA SENTIR MÁS SEGURA

108

Una vez más, depende del temperamento de tu hija. Hay muchas opciones: quedarte en casa todo el tiempo con tu hija, recurrir a la guardería medio tiempo o tiempo completo, considerar al abuelo o a la abuela como niñeros de medio tiempo, tener un empleo del tipo compartido o utilizar la guardería de la iglesia. Las posibilidades y las combinaciones al parecer son interminables, pero *tú* eres quien necesita escoger qué es lo mejor para tu hija. Después de todo, tú eres la única responsable de cuidarla todo el día.

Opciones de guardería

Siempre recuerda que tienes muchas opciones y no tienes por qué hacer las cosas "como todos los demás". Después de haber examinado los factores mencionados anteriormente, si todavía piensas que necesitas meditar en las posibilidades de cuidar a tu hija fuera de casa, considera el tipo de ambiente particular en que tu hija se va a sentir segura.

Algunas veces la guardería es una necesidad. Quizá seas madre soltera y no tengas alternativa. O tu marido puede estar demasiado enfermo como para cuidar a los niños o trabajar, y tu familia necesita un ingreso. Quizá estés enterrada en deudas, y te sientas forzada a trabajar para salir de ellas. Algunas de ustedes se encuentran en esas situaciones. Por eso este capítulo no tiene el propósito de hacerte sentir culpable, sino de darte información práctica que te pueda ayudar a tomar la mejor decisión para tu familia.

CONSIDERA PEDIR AYUDA A UN PARIENTE O A UNA AMIGA CERCANA

Si provienes de un hogar saludable y vives lo suficientemente cerca de los abuelos de tu hija, aprovéchalo. Tienes razón, quizá no te prometan darle "estimulación intelectual", clases de pintura o juegos donde aprenda números y letras, pero el que ellos la cuiden representa varios beneficios importantes. Primero, es probable que ya amen a tu hija; y cualquier niño va a responder a la seguridad y calidez de un amor así. Segundo, conocen a tu hija, y tu hija los conoce, así que es menos probable que tu hija sufra de "ansiedad por la separación" cuando te vayas. Tercero, es bastante probable que permanezcan. No son empleados a salario mínimo que te vayan a abandonar tan pronto alguien les ofrezca setenta centavos extra por hora en algún otro lado.

Que tu hija se quede con sus abuelos también le abre una diferente avenida de aprendizaje, como aprender a hacer galletitas de crema de cacahuate que se derritan en la boca y descubrir la feliz verdad de que, mientras mamá solo permite un dulce al día, el límite de los abuelos es trece.

Todavía mejor: Ve si los abuelos pueden acudir a tu casa. Si no pueden ir todos los días que los necesites para cuidar a tu hija, pídeles que vayan uno o dos días a la semana. Así, tu hija tiene el beneficio adicional de estar en casa, su lugar favorito.

Si los abuelos no pueden hacerlo, posiblemente tengas una hermana o una cuñada que se queda en casa con su hijo y que te puede cobrar una pequeña cuota por dejar que tu hija se quede con ella. Si no tienes parientes en esta situación, posiblemente tengas a una amiga cercana. Yo creo que un pariente o una amiga, y preferiblemente el otro padre, van a ofrecer un mejor cuidado emocional que un extraño.

¿Y EL CUIDADO DE NIÑOS "EN CASA"?

Algunos padres que quieren quedarse en casa con sus hijos y necesitan un ingreso extra deciden comenzar un negocio de guardería "en casa", con quizá cuatro o cinco niños, además de los propios, a su cuidado. Una buena forma de investigar esta opción es a través de tu iglesia local o de tu "red de amigas". Es todavía mejor si conoces a la persona que tiene la guardería. Pero si no la conoces, llámala; aunque sea una persona altamente recomendada por algún conocido; y haz una cita para visitarla en su casa, durante el día, cuando tenga ahí a los niños. Observa el tipo de actividades que realiza con ellos, examina la habitación donde juegan, pregúntale cómo maneja la disciplina, cómo maneja las vacaciones y los días que te puedes tomar para pasar el día con tu hija. Averigua cuántos niños ha tenido al mismo tiempo y su rango de edades. Y asegúrate de que es una cuidadora de niños con licencia. (En Estados Unidos, si alguien quiere hacer deducibles de impuestos los costos de guardería a través de la línea de costos deducibles FlexComp, la responsable de la guardería necesita tener licencia.)

110

CONSIDERA LA GUARDERÍA DE LA IGLESIA

Si asistes a una iglesia que ofrece este servicio, valdría la pena que lo consideraras. Muchas veces en las instalaciones de las iglesias se contrata personal que tiene una orientación hacia el "ministerio"; o por lo menos cuentan con voluntarios que deciden ofrecer sus servicios porque realmente se interesan en ver a los niños desarrollarse emocional, social, física y espiritualmente. Así que visítalos. Llévate a tu hija contigo para que puedas ver como interactúa con otros niños y con los encargados del lugar. Haz preguntas similares a las que le harías a la persona responsable de una guardería "en casa".

VISITA PERSONALMENTE LAS GUARDERÍAS

Si no hay otra opción más que inscribir a tu hija en una guardería infantil, elige el lugar cuidadosamente. El dinero no debe ser tu preocupación principal; posiblemente te tengas que sacrificar para recibir $100 dólares extra al mes, pero van a valer la pena si con eso estás segura de que tu hija está en el mejor lugar posible.

Con cuidado investiga y elige varias opciones. Luego visita las instalaciones. Cuando estés ahí, pregúntate: *¿ Me gustaría estar aquí si fuera niña? ¿Los adultos parecen preocuparse genuinamente por los niños?* Para averiguarlo, vas a tener que visitar el lugar durante el horario regular, y necesitas quedarte por lo menos un par de horas. Recuerda, no estás escogiendo al mecánico; estás poniendo a tu hija al cuidado de alguien más; no sólo durante media hora, sino las mejores horas de su vida cinco días a la semana. Cualquier grupo de trabajadores puede mantener una buena apariencia durante veinte minutos, pero va a ser difícil que oculten lo que realmente está sucediendo si tu estancia se mide en horas.

Las guarderías me recuerdan a una granja de pollos que visité una vez. Las gallinas rojas de Rhode Island ponen huevos bastante bien. Los granjeros las tienen en esos pequeños cubículos blancos, y la responsabilidad de cada gallina es producir un huevo o dos al día. Mantener a cada una en un cubículo individual está bien si tu meta es poner un huevo, pero ese no es un buen ambiente si tu meta es producir un ser humano compasivo y productivo. ¿Digo esto para hacerte sentir terrible de que tu hija esté actualmente en una guardería? No. Pero los hechos, son los hechos: No se puede fingir la preocupación materna. No es posible que un trabajador con veinte o treinta niños a su cuidado pueda reproducir la experiencia materna, sin importar cuánto se le pague. Esperar que estos centros lo hagan es no ser realista. Desgraciadamente, estar ocho horas en una habitación con otros quince bebés, ocho horas al día, no es un ambiente saludable, y no es algo bien balanceado.

111
••••

En este momento, simplemente piensa en las personas que suelen trabajar en las guarderías. Todo tipo de investigaciones muestran que el índice de rotación es apabullante en la mayoría de ellas, dado que casi siempre pagan el salario mínimo. Eso quiere decir que los niños tienen que acostumbrarse al empleado del mes mientras la guardería trabaja febrilmente por conseguir otro empleado, quien la mayoría de las veces tiene una educación muy baja, ya que si fuera de otra manera no aceptaría los sueldos ínfimos que muchas veces ofrecen las guarderías (Consulta el libro de la doctora Brenda Hunter *Home by Choice [En casa por decisión propia]*).

Mi regla de tabla rasa es: Si no quieres que tu hija hable de cierta forma, entonces no la dejes con personas que hablan así ocho horas al día, cinco días a la semana.

Esta es una lista rápida de cosas a considerar (además de las preguntas formuladas anteriormente en este capítulo), si te estás preguntando si cierta guardería es el lugar adecuado para tu hija:

1. ¿Qué tan sano es el lugar?

¿Las instalaciones están limpias? ¿Cómo están los baños? ¿Se lavan los juguetes que otros niños chupan o simplemente se tiran en una pila? Revisa donde cambian los pañales: ¿Los empleados se lavan las manos antes de continuar? ¿Se limpia la mesa entre un cambio de pañal y otro?

2. ¿Cuál es el índice de rotación de personal?

No permitas que te den respuestas como: "bastante bueno" o "mejor que el promedio". Recomiendo que los padres vayan con los empleados y después de una conversación amigable les pregunten: "¿Y cuánto tiempo tienes trabajando aquí?". Si la mayoría han estado allí menos de dos años, ahí tienes la respuesta: la rotación es bastante alta.

Tus hijos van a imitar la manera de hablar de los empleados, así que escúchalos hablar. ¿Te parece adecuada la manera en que hablan? En su maravilloso libro *Home by Choice (En casa por decisión propia)* la doctora Brenda Hunter desafía e ilumina a los lectores al recordarnos que la persona que le enseña a hablar a un niño es la persona que le enseña a pensar al niño. Dada tal enorme influencia, necesitas confiar plenamente en la persona que se va a convertir en su cuidador principal.

3. ¿Cómo manejan la disciplina los empleados?

Mientras miras y evalúas, pregúntate con sinceridad: ¿Este es el tipo de personas a quines les confiarías la disciplina de tus hijos? ¿Qué tipo de medidas de disciplina estás viendo que se aplican? ¿Es el tipo de disciplina con la que te sientes cómoda?

"¡Pero, doctor Leman, yo no permitiría que los empleados de la guardería disciplinaran a mis hijos!"

Ese sentimiento lo comprendo completamente; a mí tampoco me gustaría que un extraño disciplinara a mis hijos. Pero considera lo siguiente: ¿Realmente piensas que tu hija puede pasar ocho o nueve horas al día sin ser disciplinada? ¡Nunca he conocido a un niño de dos años que pueda hacerlo!

DECISIONES DIFÍCILES

Todo se reduce a esto: te estoy pidiendo que lleves a cabo todo tipo de sacrificios por tus hijos. Sé que la palabra *sacrificio* es tan poco popular como la palabra *tapete* en nuestra sociedad, pero me gustaría subrayar, como ya lo hice anteriormente, que el sacrificio está en el corazón de la maternidad. Nunca he conocido a un buen padre que fuera egoísta.

Nunca.

"Pero, doctor Leman, todos nuestros amigos tienen a sus hijos en la guardería."

¿De veras quieres que tu familia sea como la de los demás? Esa no es la meta que tengo para mis hijos, y espero que no sea la meta para los tuyos tampoco.

Recibe este consejo de parte de un "loquero" que cobra $125 dólares la hora para ayudar a la gente a tratar con niños rebeldes: Es, finalmente, más barato, invertir en tiempo, amor y sacrificio en los primeros cinco o seis años de la vida de tu hija que recortar gastos y tener que pagar el precio más tarde. Si tomas atajos, es más probable que termines en la oficina de un consejero, esperando que pueda "curar" a tu hija; llorando porque tú y tu hija adolescente están tan distanciadas emocionalmente que no se pueden entender; o teniendo que pedir un préstamo para pagar los daños por actos de vandalismo, fianzas u otras travesuras de adolescentes. A sus cincuenta y cuatro centímetros, tu beba parece ser incapaz de meterse en problemas, pero cada delincuente juvenil comenzó como un bebé lindo y acurrucable. Sólo dale comida, agua, carencia de atención paterna y dieciséis años de crecimiento, y te vas a sorprender de los problemas que puede provocar.

¡Mejor practica la creatividad! Quizá puedas encontrar un trabajo de medio tiempo con un horario que te permita combinar el horario de tu esposo, o el de otra madre soltera, con el tuyo, y así reducir el tiempo que tu hija pasa en la guardería. No esperes que esas oportunidades surjan de la nada; necesitas salir y buscarlas. Ora; busca la sabiduría de Dios. Habla con

113

todos tus conocidos. Sé dinámica para informarte, porque nunca vas a tener un propósito más importante que cumplir.

Te estoy hablando de algo que se llama *secuencia de trabajos.* Y fue practicado nada más y nada menos que por la presidenta de la Corte Suprema de Justicia de los Estados Unidos, Sandra Day O'Connor, quien dejó brevemente de practicar la abogacía, y volvió después de cuidar a sus hijos. Y todavía se las ingenió para llegar a la cima de su profesión. Mucha gente está siguiendo el ejemplo de O'Connor y están practicando la secuencia de trabajos hoy en día. Una mujer me dijo: "Yo sé que podría haber llegado mucho más arriba en mi carrera si no la hubiera descuidado ni un momento, pero mis hijos jamás van a poder decir que los defraudé. Establecí prioridades en mi vida y puse a mi familia en lo más alto de la lista. No me malinterprete; disfruté completamente el desafío vocacional, pero la decisión que tomé de quedarme en casa un tiempo refleja lo que creo, y pienso que es importante".

114

A una mujer así le doy un gran reconocimiento. Tomar la decisión difícil ahora, es una buena práctica para el futuro, porque, como madre, vas a estar tomando decisiones difíciles durante las siguientes dos o tres décadas. En cierto momento, tuvimos a tres hijos en la universidad al mismo tiempo. Si piensas que la ropa de BabyGap es cara, compárala con las colegiaturas (uno de nuestros hijos asistió a una escuela de arte bastante cara). ¡Imagínate, todavía te falta todo eso por delante!

SE TRATA DEL FUTURO

Sande recientemente ha hecho realidad un sueño de muchos años, al abrir una tienda original de decoración estilo rústico llamada The Shabbie Hattie (La casita rústica). Se necesita mucho trabajo para hacer que algo así funcione, y Sande retrasó el proyecto cuando los niños mayores necesitaban atención. Pero todavía tenemos un adolescente y a una preadolescente en casa, así que Sande y yo hablamos el otro día acerca de que ella iba a salir de la tienda a las 2:15 para poder recoger a uno de los muchachos, mientras yo recojo al otro. Las 2:15 es una hora ridícula. Es demasiado temprano para dejar una tienda que estás administrando, pero le recordé a Sande que ella necesita un poco de tiempo para descansar antes de la cena. Nuestra familia considera la hora de la cena como algo sagrado. Es el único momento del día en que todos estamos juntos durante un tiempo largo, así que no lo tomamos a la ligera.

¿Esto es un sacrificio? Te puedo apostar a que sí, pero las recompensas son grandes. Hace poco, vino un editor a Tucson para revisar conmigo un manuscrito. Sande lo invitó a cenar, y todos estaban presentes, así como mi yerno. En varias ocasiones después, cuando hablábamos sobre el libro, el editor recordaba la cena con gusto. Me decía que la había disfrutado mucho y que había quedado bastante impresionado por lo alegre que estaba nuestra familia por el solo hecho de estar juntos. Lo que él no pudo ver es que eso sucede todo el tiempo en nuestra casa; ese día no fue particularmente especial. Nuestros hijos verdaderamente disfrutan al estar juntos. Y nosotros somos los primeros humildemente sorprendidos.

Sí, son sacrificios en el corto plazo, pero a largo plazo pagan grandes recompensas.

Que uno de los dos padres se quede en casa, o hacer malabares con tu horario o con tus horas de trabajo, puede ser una decisión difícil, pero la maternidad es una tarea de adultos, y te va a demandar que tomes muchas decisiones difíciles a lo largo de las dos décadas siguientes. Hace algunos años, Sande y yo tomamos la difícil decisión de sacar a los niños de la escuela pública. Sentimos que era importante que recibieran una educación cristiana, donde todo lo que se enseñara estuviera relacionado con la fe cristiana. Las escuelas privadas cuestan un buen costal de monedas, y en esos días, cuando hicimos el cambio de la escuela pública a la privada, solíamos pulir cada centavo que pasaba por la puerta antes de gastarlo.

Pero no olvides que lo que hoy parece un sacrificio posiblemente no parezca un sacrificio tan grande si lo intentas.

Yo conozco a una mamá que era muy exitosa en su negocio. Una contadora ejecutiva de alto rango que ganaba $70 mil dólares al año y que siempre se había considerado a sí misma como una mujer profesional. Tiene una maestría en administración de empresas, le encantan los negocios, le fascina vender, y con alegría aceptó los cuatro meses de licencia de maternidad que su compañía le dio, licencia que es diez veces más que la que cualquiera que es madre por primera vez recibe.

Pero algo divertido sucedió antes de regresar al trabajo: se enamoró de su hijo.

"No me podía imaginar perderme un solo día de este maravilloso regalo de vida, así que tomé la decisión difícil", me dijo.

Una decisión todavía más difícil era resolver cómo decírselo a su marido. "Casi se muere cuando le dije lo que estaba pensando. Verdaderamente no lo podía creer, porque él me veía como una mujer profesional. Y, por supuesto, lo primero en qué pensó fue en que los $70 mil dólares iban a salir volando por la ventana. Incluso dijo: 'Creo que vamos a tener que despedirnos del BMW y comenzar a buscar una minivan' ".

116

Esta mujer sí que es valiente. Me dijo de una forma directa: "Yo soy la mamá y no quiero perderme un solo día de la vida de mi hijo. Ciertamente no quiero poner a mi hijo en manos de una mujer que gana el salario mínimo y que se va a cambiar de trabajo en tres meses y que nunca va a volver a pensar en él".

Aunque esta mujer tomó una decisión bastante valiente, no va a recibir ninguna ovación de pie por la decisión que tomó. Su decisión no va a aparecer en una semblanza de la revista de negocios semanal *Business Weekly*. No va a tener la dicha de recibir un ascenso o un aumento de sueldo. Su fondo para el retiro va a recibir una paliza. Y la persona que más se va a beneficiar de todo este sacrificio, su hijo, ni siquiera se da cuenta de que su mamá se está sacrificando por él. Pero ella está determinada a que nadie más críe a su hijo más que ella.

¿Hay algunas mamás que van a tener que trabajar? Sí. Y posiblemente tú eres una de ellas. Especialmente si tú eres la única que percibe ingresos en la familia. Pero solo recuerda: Eres una mujer con opciones. Siempre puedes ser creativa e inventar algo para que tu hija esté "en casa" tanto tiempo como sea posible. Muchos trabajos ofrecen horarios combinados, o la flexibilidad de trabajar en casa. Así que no te vendas demasiado fácil, o a tu hija, sin considerar en oración todas las opciones.

7

Cómo cuidar a
tu "otro hijo"

Si estás casada, quizá ya te hayas dado cuenta de que en realidad tienes a más de un niño viviendo contigo en este momento: el de medio metro que duerme en la cuna y el de un metro setenta que duerme en tu cama.

En este momento preciso, cuando la mayoría de las mujeres desean, más que nunca, que sus esposos actúen como hombres: que sean el sostén de la familia, que sean los que están a cargo, que se muestren desinteresados, y que se sacrifiquen y ofrezcan fuerza y consuelo, con frecuencia encuentran todo lo contrario, pues más que nunca su marido está actuando como un niño (y amigos, si están leyendo este capítulo, no abandonen la lectura enojados, sigan leyendo; aunque sea tan sólo para desafiar mis palabras y para probar que estoy equivocado, y vean si algo de lo siguiente tiene algún parecido con ustedes.)

¿QUÉ ES LO QUE PASA?

Pues sí, mujer, un psicólogo es quien te lo dice: este es un proceso sumamente común y normal por el que pasan los hombres. Tu esposo no es anormal si muestra este comportamiento, ni aún si parece estar celoso de tu beba. Es lo que sucede todo el tiempo.

Desde la perspectiva de tu esposo, aquello que más le gustaba del matrimonio (tenerte toda para él cuando lo deseara) le ha sido arrebatado de pronto. Las cenas se olvidan con frecuencia. El sexo se ha alterado de manera radical. Se necesita bastante creatividad para tener relaciones sexuales con una mujer que se encuentra en su tercer trimestre de embarazo; y después del nacimiento, el sexo se detiene por completo hasta que la esposa sana. Cuando el cuerpo de la mujer ya se recuperó, el esposo pronto se da cuenta de que la energía de su pareja está agotada, y que una mamá lactando y cambiando pañales ya no huele a Chanel #5. Aquellos de ustedes que tienen hijos adoptivos se están ajustando a la paternidad instantánea y a la misma merma de energía, sin mencionar los "olores de bebé" que antes les hubiesen provocado náuseas.

El siguiente es un pequeño secreto: tu esposo también está frustrado consigo mismo por sentirse así, no puede creer que sea tan mezquino que en efecto esté celoso del tiempo y la energía que dedicas al niño. Él está tan sorprendido, como tú estás horrorizada, por el hecho de que albergue estos sentimientos.

Pero ahí están, ¿qué harán al respecto?

LOS MATRIMONIOS NO PUEDEN CONTENER LA RESPIRACIÓN

En este momento quiero que hagas algo por mí. Antes de que leas algo más. Contén la respiración durante cinco segundos. Sólo cinco segundos, eso es todo lo que te pido. ¿Lista? Comienza.

Bien, algunas de ustedes están haciendo trampa. Vamos, ¡sólo son cinco segundos! ¡Sígueme la corriente! Te doy otra oportunidad: contén la respiración hasta contar cinco.

Bien. Todas, con excepción de las más obstinadas, están cooperando con mi ilustración. Ahora, quiero que contengas la respiración durante cinco minutos.

¿Lista? ¡Comienza!

¿Qué ocurrió? ¿Por qué ni siquiera lo intentaste? Por lo siguiente: sabes que *nadie* puede contener la respiración durante cinco minutos; y, si alguien pudiera, le dolería mucho. Cinco segundos no son nada, en cambio en cinco minutos puede haber daño cerebral.

Tu matrimonio es algo parecido. Prepararse para el nuevo bebé significa que tú y tu marido han tenido que poner en espera algo de romance: están "conteniendo la respiración", desde el punto de vista de la relación. No dan al matrimonio lo que los consejeros llamamos romance; lo cual es entendible, pues es difícil sentirte romántica cuando sientes como si una sandía nadara en tu estómago. O, si estás llevando a cabo trámites de adopción, saltando cada vez que suena el teléfono, o esperando que sea la llamada de referencia que tanto has esperado. A pesar de todo, un matrimonio puede sostenerse mientras contiene la respiración durante esta corta temporada.

Pero ahora que la sandía ya salió de tu cuerpo (o si es un hijo o una hija adoptiva, ya no es tan solo trámites y sueños) y usa pañales, ¿necesitan seguir conteniendo la respiración?

Casi puedo escuchar a algunas de ustedes decir: "Doctor Leman, usted no lo entiende. Me agota cuidar y atender al niño todo el día. Y para salir en la noche tendría que tomar una ducha, encontrar ropa limpia, plancharla, ponerme algo de maquillaje, conseguir una niñera, y después, tratar de no quedarme dormida a las 7:00 p.m. Tan solo el pensarlo me abruma. Y cuando lleguemos a casa, mi esposo querrá tener sexo".

No te pido que hagas algo todos los días, te pido que hagas un compromiso único que te pagará con beneficios mayores de lo que jamás podrías imaginar. Cuando la sanidad física te lo permita y cuando sepas que tu cuerpo puede lidiar de nuevo con las relaciones sexuales, haz de este suceso algo importante. El marco de tiempo normal para reiniciar las relaciones sexuales es de seis semanas, aunque es un número muy arbitrario. Desde el punto de vista fisiológico, puedes tener relaciones sexuales en cualquier momento después de que el sangrado se haya detenido, lo cual generalmente ocurre de catorce a veintiún días después del parto; sin embargo, esto no significa que tu cuerpo se sentirá listo para las relaciones sexuales. Además, no necesitas apresurar las cosas. Podrías necesitar más tiempo para sanar, en especial si te sometiste a una episiotomía; no obstante, cuando sepas que estás lista, haz que el regreso a la normalidad de tu vida sexual sea un acontecimiento especial.

A decir verdad, reanudar las relaciones sexuales es un pensamiento secundario para muchas madres jóvenes, pues pueden pasar seis semanas ¡y ni siquiera extrañan tenerlas! Su cuerpo aún se está ajustando después del embarazo y están tan concentradas en cuidar del recién nacido que no les molestaría esperar otras doce semanas o más.

Pero quizá tu "otro hijo" no está tan deseoso de seguir esperando, y ese "otro hijo" es muy importante, a largo plazo, para el bienestar de tu beba. Porque me preocupa tu esposo, me gustaría animarte a considerar la posibilidad de reanudar la intimidad sexual cuando menos tan pronto como tu cuerpo lo permita.

De hecho, te recomiendo que la primera vez que regresen al contacto físico sea particularmente especial. Recoge a tu esposo después del trabajo, llévalo a pasar la noche en algún otro lugar y dale la impresión de estar lo más entusiasmada posible, aun con todo y el cansancio. "Ha pasado mucho tiempo, cariño, y no puedo esperar para hacer el amor contigo de nuevo." Asegúrate de que tu esposo sepa que tú también has extrañado mucho el sexo.

Por los cambios que ha sufrido tu cuerpo, hazte un favor y lleva un lubricante como el "K-Y jelly" o el "Astroglide" incluso si nunca antes lo has necesitado, pues dado el descenso repentino en tu nivel de estrógenos y algunos cambios postparto, la capacidad natural de lubricación podría verse reducida. Recibir alguna ayuda hará que reanudar las relaciones sea más placentero para ambos.

Otro gran cambio en tu vida romántica tiene que ver con los senos, en especial si estás amamantando. Ahora son más grandes de lo que jamás han sido y tu buen esposo podría mostrar en ellos mayor interés que nunca; pero, siendo realistas: ¡los pechos que están amamantando son mangueras de incendio a punto de estallar! Quizá tengas que usar en la cama un sostén de lactancia con almohadillas, y es posible que aún así haya filtraciones. Podría ser útil que amamantes a la beba justo antes de comenzar las relaciones sexuales, pero no es un método infalible; además, durante la lactancia los senos tienen algo en

común (al menos al principio): pezones adoloridos y agrie-
tados. No esperes que tu pareja lo sepa con antelación; sé
honesta con él y explícale lo que está pasando. Él podría decep-
cionarse, pero se le pasará.

Ya que hayas reanudado las relaciones sexuales, quizás una
vez al mes, sigue haciendo algo especial para dar algo extra a los
momentos periódicos de intimidad sexual. Lleva a tu esposo a
un lugar muy privado y seguro mientras que una amiga cuida a
tu hija durante una hora. Recuérdale lo que significa "placer
vespertino". Estas pequeñas incursiones no te quitarán demasiado tiempo, y tu esposo estará muy agradecido. No tendrás el
tiempo o la energía para hacer esto cada semana, pero ¿no
puedes hacer algo especial una vez al mes?

Me doy cuenta de que la mayor parte de las noches el agotamiento te acompañará a la cama, haciendo que hasta las
mejores intenciones se marchiten bajo el peso del cansancio,
pero espero que recuerdes que el reloj sexual de tu esposo
seguirá en marcha aun cuando el tuyo se haya detenido. Si
todavía no estás lista para reanudar las relaciones sexuales,
puedes ser muy creativa y amorosa con él, y satisfacer sus necesidades sin usar partes del cuerpo que estén "temporalmente
fuera de servicio" (para mayor asistencia sobre el tema del sexo
dentro del matrimonio, puedes leer mi libro *Sheet Music*
[Partitura]). No quiero ser demasiado gráfico en este punto,
pero sabes a lo que me refiero: ¡deja que los dedos hagan el trabajo! Será menos estresante para ti, no sentirás que debes hacer
toda una actuación, y tu esposo estará agradecido de tener una
esposa tan sensible.

Lo más importante es que al proceder de esta manera, regre-
sarás al matrimonio el oxígeno que tanto le hace falta.
Finalmente, la personita que recibirá el mayor beneficio será tu
primogénita, quien cosechará los beneficios de haber sido
criada en un matrimonio saludable y feliz.

LOS PAPÁS DEL ASIENTO TRASERO

Una queja de las madres jóvenes, que escucho con frecuencia, es que sus esposos muestran una notable falta de

interés en ayudar con el nuevo bebé. Las mamás no pueden entender esta actitud, ya que el niño se ha vuelto su mundo entero. Una madre no puede evitar estar besando a su bebé todo el día; y, por el contrario, el papá, que no ha visto a su hijo en todo el día, llega a casa, toma sus palos de golf y sale con un gran cesto de bolas para practicar. Las esposas me preguntan llanamente: "¿Qué le pasa?".

EVITA ACCIONES QUE AHUYENTAN A LOS ESPOSOS

En este contexto se desarrollan un par de situaciones que necesitas conocer. Muchos de nosotros como padres tuvimos que retirarnos al "asiento trasero" de la paternidad con nuestro primer hijo por una razón muy comprensible: nuestras esposas eran tan competentes que sencillamente no creímos que fuéramos necesarios. La forma en que piensa un hombre es esta: *Hay que cuidar al bebé, pero mamá está haciendo un trabajo excelente, así que supongo que eso me deja libre para hacer otras cosas.* Quizá te parezca una locura, pero esa es la mentalidad que un hombre emplea para resolver problemas. Lo cual no significa que no te ame a tí o a la niña, y tampoco representa que no quiera intervenir.

Otra razón por la cual los esposos pueden no ayudar, es que se les ahuyenta, al hacerles notar todo lo que no hacen bien. Un ejemplo es cuando el padre logra cambiar un pañal y la esposa se ríe y le dice: "¿Que no sabes poner un pañal? ¡Está al revés!". Y después el marido escucha a su esposa riendo del episodio cuando habla por teléfono con su madre o con su mejor amiga. Sólo se necesita un suceso similar para que un hombre decida no cambiar un pañal nunca más.

Otros comentarios que ahuyentan a los maridos pueden ser:

- "No cariño, le gusta que la hagan eructar así."
- "No seas tontito, falta una hora para su siesta."
- "¿Recordaste ponerle pomada en las pompitas antes de colocarle el pañal limpio?"
- "¡No seas tan tosco con ella, es tan solo una beba!"

Lo más probable es que tu esposo se cierre después de apenas unos cuantos comentarios de este tipo. Tú no puedes hacer que tu esposo se interese más en su hija; pero, tristemente, sí puedes desalentar su ayuda. Todos los hombres queremos ser héroes, pero muchas mujeres no nos permiten serlo: quieren que hagamos todo de una manera específica (es decir, a su manera) y son propensas a ridiculizarnos si hacemos algo tan solo un poco diferente de lo que ellas esperan.

Los matrimonios que llevan a cabo con más facilidad la transición hacia los años de crianza de los hijos son aquellos en los que la esposa aprende a apreciar la manera diferente en la que su esposo cuida del bebé y respeta el rol único del padre en la vida de su hijo o hija. Ahora, veremos con más detalle los dos puntos anteriores.

Secreto 1: Aprecia las diferencias de tu esposo

Este es un pequeño secreto: Desde la perspectiva masculina, en cierta forma tu esposo piensa como si el nuevo bebé fuera una especie de juguete genial con piernas. Quizá él no lo ponga con esas palabras, pero solo siéntate esta tarde a ver jugar a tu esposo con la beba y lo verás. Y cuando crezca, la lanzará al aire para atraparla. Y quizá ya le dé vueltas por toda la habitación. Aunque tendrá sus momentos tiernos, también tendrá momentos más "toscos". Y, ¿sabes qué? Así es como debe ser.

Los bebés necesitan tener mamá y papá. Los bebés no necesitan papás que actúen como mamás o mamás que traten de actuar como papás. Deja que tu esposo actúe varonilmente cuando esté con su beba. Los niños son más resistentes de lo que parecen, y aunque quizás tú sepas la manera en que a la beba le gusta que la pongan a repetir, si papá puede producir el resultado deseado, ¿importa el proceso?

No me molestaría admitir que tu estilo maternal de actuar es mejor que el estilo de él, pero sí estaría en contra de decir que tu manera de cuidar de la beba es *la única*. Esa es la forma de pensar que molesta en sobremanera a los hombres, y provoca como consecuencia final que se cierren.

Realmente es importante que desde el principio respetes las diferencias, ya que desearás que tu esposo esté muy involucrado en la vida de esta niña. Cada vez que realizo una investigación, he visto que "lo que hace el papá hará el hijo". Un padre deja una impresión indeleble en su hija. (Para ampliar sobre este tema, lee mi libro *What a Difference a Daddy Makes [Qué importante es papá]*.) Tu esposo es la base fundamental sobre la cual tu hija interiorizará lo que es la confianza. Él es el modelo por el cual ella medirá a todo hombre que la pretenda. Si tu esposo es una influencia saludable, las posibilidades de que ella escoja a un buen hombre como esposo son enormes, pero si en cambio es una influencia negativa, extrañamente se sentirá atraída hacia hombres peligrosos.

Si el bebé es niño, tu esposo se volverá una imagen de todo lo que ese niño querrá ser. Tu hijo copiará lo bueno, lo malo y hasta lo raro. Una vez, estaba yo en el auto con mi hijo Kevin, cuando tenía alrededor de tres años. Sin siquiera pensarlo, me aclaré la garganta y escupí por la ventana. Cinco segundos después escuché un *pffft* titubeante y volteé justo a tiempo para ver a Kevin intentar escupir por la misma ventana. Por desgracia, su puntería falló por unos sesenta centímetros, y ¡su saliva se quedó en mi cuello!

Me reí de lo que sucedió y lo tomé como una experiencia de unión entre padre e hijo. Yo tenía la seguridad de que Sande nunca le enseñaría a Kevin cómo aclararse la garganta y escupir, así que sabía que lo que él hiciera dependía de mí.

En una ocasión, mi cuñada se enfureció con mi hermano porque le enseñó a su hijo a orinar en el exterior. A mi hermano le gusta cazar, pescar y caminar en el bosque, y cuando se es un hombre a quien le gusta andar al aire libre, es necesario saber cómo responder al llamado de la naturaleza en medio del bosque cuando no hay ningún baño a la vista. Eso parece lógico, pero a mi cuñada no le pareció tan bueno, cuando llevó al centro comercial a mi sobrino, que tenía tres años de edad. Atravesaban un patio con árboles y plantas de interior mientras se dirigían a otra tienda, cuando de pronto mi cuñada se dio cuenta de que su hijo ya no estaba junto a ella. Volteó con pánico y vio a un pequeño grupo de personas boquiabiertas y moviendo las cabezas con indignación. Ahí estaba mi sobrino "regando" los árboles en el interior del centro comercial ¡tal y como papá se lo había enseñado!

La intención de mi hermano, definitivamente, nunca fue enseñar a su hijo a regar árboles en un centro comercial, y es de enorme valor en la vida de un hijo o de una hija cuando un padre se toma el tiempo de enseñarles a pescar, a disfrutar de los exteriores o a jugar rudo de una manera saludable. Cuando el papá les da de comer a sus hijos, quizá no se asegura de que haya algo de cada grupo alimenticio en su plato. Cuando los lleva a comer fuera puede dejarlos tomar una soda y un postre. Dentro de unos años, tu esposo incluso podría llevar a tu hija a ver películas de dinosaurios que creas que no debería ver. Pero debes estar agradecida de que tu esposo participe, de que esté activo, de que esté ahí. Tu hija necesita que él sea un hombre. Anima a tu esposo a ser padre a su propio estilo, y no le digas siempre cómo debe hacer las cosas.

SECRETO 2: RESPETA SU ROL

No soy alguien que pueda ponerse estricto en cuanto a roles de género. Estoy contento siempre y cuando uno de los padres se quede en casa con el niño. Sin embargo, también me doy cuenta de que la mayoría de las veces es el hombre quien va al trabajo mientras la mamá se queda en casa; y ella lo hace por una buena razón, en especial si ha dado a luz a ese bebé: ella tiene todas las capacidades para cuidar de un recién nacido, de algunas de las cuales carece el papá.

Si este es tu caso, necesitas respetar el rol (distante, pero de gran importancia) que desempeña tu esposo como sostén de la familia. Desde la perspectiva de él, satisfacer las necesidades financieras es su foco de atención y su deber principal. Y ahora que ya son tres en la familia, siente el impulso de cuidarlos a largo plazo con más intensidad que nunca, lo cual crea en él más tensión de lo que podrías imaginar. Antes de descartar lo que te digo, piénsalo: la provisión financiera de tu esposo es sumamente importante (suponiendo que prefieres vivir en una casa, en lugar de vivir en una caja de cartón). Tu esposo probablemente llega a casa cansado o estresado, pero ha estado trabajando todo el día para ustedes, lo cual merece respeto y aprecio. No lo juzgues únicamente sobre el hecho de que tan solo cambia la mitad de los pañales mientras está en casa (a menos que no te moleste que él compare su salario con el tuyo).

Ya que sientes todo el tiempo el peso de la responsabilidad por esta niña, también podría sorprenderte que tu esposo lo siente de igual manera. No eres la única que ha recibido el impacto de su llegada. Muchos hombres se sienten impotentes cuando están con un bebé y extraordinariamente responsables por el bienestar de su familia ahora que hay un hijo o hija en ella. Hay hombres que me han dicho que lo sienten aún más cuando tienen una hija. Piensan: *Es tan pequeña y tan frágil. En verdad necesito proteger a mi niñita.* En ocasiones, esta responsabilidad puede hacer que un hombre no se sienta apto, que se sienta como un fracasado. Los hombres sienten el rol de ser el sostén exactamente con el mismo peso con el que tú sientes el rol de la crianza.

126

Y aunque entiendas lo anterior, es claramente razonable que esperes que tu esposo sea un padre participativo. Si crees que él no mantiene un equilibrio en este aspecto, es decir, que da mucho tiempo y energía al trabajo y no mucho al hogar, primero trata de entender la presión que siente. Quizá piense que debe trabajar horas extras o perderá su empleo. Es probable que él quiera estar ahí para ti, pero en secreto teme que su sueldo se le escape. En su mente podría decirse: "Lo primero es lo primero. Primero es asegurar el sueldo y después estar más presente en casa".

Si quieres tocar ese tema con él, asegúrate de comenzar la conversación afirmando su rol de proveedor. Deja que escuche cuánto aprecias su trabajo arduo en nombre de la familia. Entonces, y solo entonces, te has ganado el derecho de sugerir con delicadeza que desearías un poco más de intervención de su parte. Podrías decirle algo así:

"Querido, sé que has estado trabajando mucho y en verdad aprecio todas las horas que das para que podamos pagar las cuentas y vivir en esta casa. Quiero que sepas que oro por ti todos los días, y lo primero que le digo a Dios es: 'gracias por darme un esposo tan trabajador' ".

"Sin embargo, desearía que le dieras a la beba un poco más de atención. A veces parece que pasas más tiempo viendo la televisión que jugando con nuestra hija, y eso me preocupa. Sé que necesitas tiempo para descansar, pero la beba también necesita pasar tiempo contigo. Es realmente importante; no sólo para ella sino para mí. No me casé contigo para ser madre soltera, sino para ser colaboradora. Sé que la presencia de los papás hace una gran diferencia en la vida de sus hijos, y tú tienes algo que darle que yo no tengo. ¿Crees que estoy haciendo algo que te impide participar más?"

Cuando tu esposo responda, escúchalo en verdad, y no te pongas a la defensiva. Si estás diciendo o haciendo algo que lo desanima y que no le permite ser un padre más participativo, ¿no deseas saberlo ahora, en vez de dentro de varios años? Y no intentes decirle por qué su manera de actuar es incorrecta; trabajen hacia un entendimiento, tal y como lo hicieron en otras áreas de su matrimonio antes de la llegada de la beba. Esta no es una cuestión de quién está en lo correcto y quién no, sino de cómo ambos pueden ajustarse a las nuevas responsabilidades que implica traer un hijo a su familia.

PARA SORPRENDERTE

Toda mi vida he sido hombre, algunos de mis mejores amigos son hombres y asesoro a hombres todo el tiempo; esto me ha dado un cierto entendimiento que me gustaría compartir contigo (Para más al respecto, ve mi libro *Making Sense of the Men in Your Life* [Comprenda a los hombres de su vida]).

Los hombres tienden a hacerse mejores con la edad. A veces somos mejores abuelos que padres, algunos pasamos más tiempo con nuestro cuarto hijo que con el primero. Porque necesitamos tiempo para hacer las cosas bien. Nosotros no sabemos nutrir de manera natural, como las madres. Así que, necesitamos que nos den tiempo.

Sí, queremos ser sus héroes, pero tal vez no actuemos siempre de ese modo; por eso salimos a jugar golf o a los dardos, o invitamos a muchos amigos a ver el gran partido sin pensar en limpiar la casa o en que interrumpimos la siesta del bebé. Pero en lo profundo, en verdad queremos ser sus héroes. Trabajen para sacar lo mejor de nosotros. Elogien lo que quieran que se repita y después dennos la oportunidad de hacer lo que esperamos poder hacer por ustedes. Si nunca nos hacen sentir tontos, iremos a los confines de la tierra con tal de ser sus héroes.

El reforzamiento positivo funciona mejor en nosotros, que los regaños. Obtendrás más por medio de un cumplido de lo que conseguirás con una queja. Ustedes pueden hacer que estemos más involucrados en la familia; por ejemplo, al estar dispuestas a tener relaciones sexuales en vez de negárnoslas para castigarnos.

Si en verdad quieres entender a los hombres, ten un bebé, un varón. Velo crecer y date cuenta de que, en un sentido, todo hombre adulto es un "bebé varón" ansioso de complacer a las principales mujeres de su vida. En un principio, es a nuestra madre; posteriormente, esa mujer es nuestra esposa. Puedes aprender más sobre tu esposo al criar un hijo, de lo que jamás lograrías aprender leyendo libros o intercambiando historias con tus amigas.

8

Aquí viene la primera hija: ¡Se inaugura el orden de nacimiento!

No es fácil ser más competitivo que Mike Ditka, ex entrenador del equipo de los Osos de Chicago. Su equipo ganador del Super Tazón, en 1985, era bien conocido por su estilo de juego agresivo, que reflejaba la personalidad fiera de su entrenador. Pudiera haberse pensado que el entrenador Ditka se ablandaría un poco en el retiro, pero de ninguna manera fue así.

Mike, quien ahora es un golfista apasionado, parece no conocer el significado de la frase "tomarlo con calma". Como jugador y entrenador de fútbol, Mike vio más que suficiente sangre en medio de la competencia. La sangre y el fútbol van juntos, pero ¿también la sangre y el golf?

En una ocasión, Mike falló un "putt" corto. *(Nota del traductor:* en golf, el "putt" es el último golpe; tiene el fin de colocar la bola en el hoyo y se realiza con un bastón al que se conoce como "putter".) Como he jugado golf, esperaría que al fallar alguien reaccionara con un simple chasquido de lengua; pero Mike se sintió tan frustrado que decidió darle un retiro forzoso a su bola usando el "putter" para golpearla como si fuera pelota de béisbol. Lanzó al aire la pequeña bola blanca de golf y luego abanicó el bastón como si fuera a batear un cuadrangular en el campo Wrigley. El problema fue que el hombre con quien estaba jugando el entrenador Ditka se agachó mientras él abanicaba su bastón.

Mike le dijo a la revista *Sports Illustrated (Deportes ilustrados)*: "Lo golpeé en la frente y le arranqué un buen trozo de piel. En ese tiempo él estaba tomando medicamentos para adelgazar la sangre por eso tardó demasiado tiempo en dejar de sangrar".

Pero esa anécdota no es nada comparada con la ocasión en que Mike se golpeó él mismo. De nuevo, el culpable fue un "putt" fallido. El entrenador recuerda: "Fue en el hoyo 18, y en vez de actuar como un ser humano, tomé el "putter" y lo doblé teniendo las manos atrás, lo cual no es malo. El problema fue que se rompió y la parte filosa me cortó la parte trasera de la oreja".

Gracias a que estaba jugando con un doctor, este médico logró detener el sangrado; sin embargo, Mike tenía prisa, al parecer lo habían contratado para dar un discurso en el centro de la ciudad, así que se cambio de ropa y apenas llegó a tiempo a la convención. A mitad de su conferencia notó que de pronto la multitud parecía horrorizada.

Al final, se imaginó lo que estaba pasando. "¿Sabes que cuando comienzas a hablar la adrenalina se libera y la sangre fluye? Bien, pues yo llevaba puesto un saco sport color azul pastel, y cuando miré hacia abajo la sangre me corría desde la oreja hasta el cuello, escurriendo la camisa y el saco. Me detuve, conseguí una toalla y dije: 'si no les molesta voy a quedarme con la toalla'. Terminé el discurso y fui al hospital, donde me dieron cuarenta puntadas."

Para algunas personas, el fútbol y el golf representan diversión y recreación. Para otros, representan Competencia, con *C* mayúscula.

Lo mismo ocurre en la vida. Algunas personas (por lo general los hijos menores) salen del vientre riéndose y disfrutando. Otros se abren paso para salir del cuerpo de su mamá queriendo ser los jefes, como si quisieran decir: "Yo estoy al mando". Esas personas son los primogénitos.

Si eres primogénita y debes criar a un primogénito, presenciarás la lucha de Mike Ditka contra Mike Ditka, ¡y podría llegar a haber sangre! Si eres la hija menor, podrías darte cuenta de que tu primer bebé encuentra la manera de forzarte a hacer todo lo que quiere, y si eres la de en medio experimentarás un desafío completamente diferente.

EL ACONTECIMIENTO SOBRESALIENTE: EL PRIMOGÉNITO CONOCE AL PRIMOGÉNITO

Para que imagines lo que sucede cuando mamá primogénita conoce a su primer hijo, piensa en Mohamed Alí contra Joe Frazier, en Rocky Balboa contra Apollo Creed, en los Vaqueros de Dallas contra los Pieles Rojas de Washington, en los Medias Rojas de Boston contra los Yankees de Nueva York.

En otras palabras, el hijo o la hija que tenga tu mismo orden de nacimiento seguramente será con quien tendrás conflictos. Y ya que a los primeros hijos les gusta estar al mando (y sólo una persona puede estarlo), la combinación de dos primogénitos tiende a ser la mezcla más tóxica.

Nuestra familia no es la excepción. Yo soy el siempre amante de la diversión y un poco payaso hijo menor, y tuve el buen juicio de casarme con una primogénita; sin embargo, Sande es más que una primogénita, también es una alemana obstinada. Cuando Holly, nuestra primera hija, llegó al mundo, cualquiera hubiera pensado que alguien había puesto a un fanático de los Vaqueros y a uno de los Pieles Rojas en la misma habitación. ¡Saltaban chispas!

Todavía, en la actualidad, puedo notar la tensión ocasional. Holly y Sande están juntas en los negocios y ambas son excelentes para culparse la una a la otra.

No me malentienda: tienen una relación maravillosa y cercana de madre a hija; pero, al ser dos primogénitas, siempre habrá una especie de fricción de "hierro contra hierro" entre ellas.

Me acuerdo cuando Holly era tan sólo una beba. Sande entró a la sala y dijo:

—¿Querido, podrías despertar a Holly? Tenemos que irnos.

—No la voy a despertar –dije–. La desperté ayer, es *tu* turno de levantarla.

131
••••

Sande suspiró con resignación y dio la vuelta.

—¿Quieres que te preste mi viejo casco de fútbol? –le pregunté.

El problema era que Holly se levantaba de pésimo humor cuando sus siestas se interrumpían por más de treinta segundos. ¿Has oído hablar del "derecho divino de los reyes"? Bien, pues los primeros hijos creen tener el derecho divino del horario. Toda la familia debe amoldarse a su personalidad. Llamábamos a Holly "la jueza Judy" mucho antes de que consiguiera un empleo como vicedirectora de una escuela (puesto que le sienta a la perfección). No puedo imaginar a una persona que pueda hacerse cargo de una escuela mejor que nuestra Holly.

Algo que debes tener en mente es que no es necesario ser el hijo de más edad para tener la personalidad de un primogénito. Por ejemplo, si eres la única hija en una familia de hombres, si hay una separación de cinco años o más entre tú y el hijo que te antecede o si el hijo anterior a ti tuvo una discapacidad física o de desarrollo, es posible que hayas "saltado" en el orden de nacimiento para convertirte, realmente, en una primogénita.

Otro factor que puede crear una personalidad de primogénito es un padre que critica demasiado. Debes tener cuidado de esta inclinación natural si tu orden de nacimiento te lleva en esa dirección, en especial cuando eres una mamá primogénita criando a su primer hijo. Dado tu orden de nacimiento podrías ganarte la vida señalando defectos (comenzando con los tuyos, desde luego), lo cual puede ser una habilidad comercializable. Por ejemplo, cuando necesites un encargado de control de calidad en una fábrica, ¡definitivamente contrata a un primogénito! Pero la misma habilidad que haría sobresalir a alguien por colocar meticulosamente un papel tapiz, por ser contador o por asumir las responsabilidades de un director corporativo, lo puede hacer tener problemas con su hijo o con su cónyuge.

En otras palabras: si eres la pareja o la hija de alguien a quien le encanta encontrar defectos, te hartarás muy rápido.

Por tanto, déjame darte un "Consejo Leman": Evita ser así, tanto como puedas. El desarrollo de tu beba podría no apegarse a los diez libros guía que leíste. Pero al final no importa si tu hija camina a los seis o a los nueve meses, ni se pueden juzgar tus habilidades como madre tomando como base que tu beba deje de usar pañales en su segundo cumpleaños. Qué tan pronto adquirió una u otra destreza física no significará ni siquiera una pequeña diferencia en el momento en que se gradúe de la preparatoria. Pero el que haya tenido una mamá que la aceptara y fuera cálida y amorosa, será de extrema importancia (más de lo que puedes imaginar). Esta beba ansía tu aceptación. Si tienes siempre en mente que tenderás a esperar mucho de tu hija, podrás darte cuenta de ese error y trabajar en darle ánimo, en vez de corregirla constantemente.

Te aconsejo que coloques un separador en esta página y regreses a ella con frecuencia, para que continuamente te hagas las siguientes preguntas, que fueron elaboradas tomando como base la inclinación natural que tienen los primogénitos:

133

1. ¿Estoy comprometida, junto con mi hija, en demasiadas actividades? ¿Me preocupa planear tiempo para el juego, la música, la recreación, el arte, etc., y resulta que me queda poco tiempo para pensar o descansar? Mamá, recuerda que si estás cansada no podrás dar lo mejor de ti, y lo más probable es que tu bebé sea quien sufra las consecuencias, ya que es con quien estás la mayor parte del tiempo.

2. ¿Estoy tratando de ser la mamá perfecta o estoy poniendo mi atención en ser una excelente mamá? ¿Me exijo demasiado? Ser madre es un trabajo de veinticuatro horas al día durante dieciocho años; nadie batea solamente cuadrangulares. Date un descanso, tendrás días buenos y días malos. Si te reprendes por haber tenido un mal día o un arrebato de frustración, la culpa te enloquecerá.

3. ¿Soy esclava de mi lista de quehaceres? ¿Actúo como si fuera un crimen tener que dejar algo de ropa sucia, o permitir que una habitación se desordene? Está bien dejar de vez en cuando algunos trastos sucios en el lavabo mientras atiendes tareas más

importantes.

4. ¿Estoy obsesionada con lo que los demás piensan de mí? ¿Dedico demasiado tiempo y esfuerzo en escoger la ropa que usan mis hijos para que todos crean que soy la mamá perfecta?

5. ¿Critico a mi esposo por hacer las cosas de una manera diferente? ¿Le ha sido difícil complacerme por no limpiar a fondo el biberón, por no colocar correctamente los pañales o por no escoger la combinación correcta de ropa para la beba? Mamá, necesitas que tu esposo sea un aliado útil. No lo conviertas en un enemigo por hacerlo sentir tonto o incompetente; necesitas toda la ayuda que puedas conseguir.

134

CÓMO CRIAR AL PRIMOGÉNITO

Si no eres primogénita quizá no entiendas la tendencia natural de los primeros hijos hacia el perfeccionismo, y por ello podrías no ser tan sensible al daño que puedes ocasionarle a tu beba si la corriges siempre. Dar demasiado énfasis a la manera en que "debería" hacerse algo, refuerza la tendencia a criticarse a sí mismo que ya poseen los primogénitos. Cada comentario de este tipo es como mostrarle una tela roja a un toro. Palabras como estas: "¡Deberías estar haciendo esto! ¡Deberías estar haciendo aquello! ¿Por qué no puedes hacer bien esto? ¿Cuántas veces tengo que decirte que los cubos van en el anaquel de *abajo* y los rompecabezas en el de *arriba?*".

Si tu pequeña guarda los juguetes, ya hizo su trabajo. ¡El solo hecho de que seas tan extremadamente sensible a que todo esté en orden no significa que una niña de dos o cuatro años también deba serlo!

Como lo mencionamos antes, aprende a aceptar algunas arrugas en la cama o unas cuantas palabras mal pronunciadas. El mundo no va a dejar de girar si pasas por alto algunas palabras mal pronunciadas y aprendes a disfrutar la curva de aprendizaje de tu hija. Yo ya no juego mucho al golf, pero cuando lo hacía, no soportaba escuchar a algunos padres que continuamente les indicaban a sus hijos hasta la más pequeña falla en el swing: "Tus manos están demasiado atrás de la bola. Ten más balance en tu postura. No sostengas el palo con tanta fuerza. Mantén derecha la cabeza". Me desesperaba escuchar tantas órdenes ¡y ni siquiera estaban dirigidas a mí!

Cuando te dedicas a señalar los defectos, les das a tus hijos la impresión de que han fallado y no están a la altura. Sigue haciéndolo y te garantizo que encontrarán la manera de llegar a mi oficina dentro de dos décadas. Demasiados primogénitos se valoran por lo que hacen y no por lo que son, ¡y le pagan bastante dinero a personas como yo para lograr deshacerse de esa pauta dañina de comportamiento! ¿No preferirías que tu hija se ahorre ese dinero y lo gaste en tus nietos en vez de sentarse en la oficina de algún psicólogo para hablar acerca de *ti*?

Ya que por naturaleza los primogénitos desarrollan sus propias reglas (que Dios se apiade de ti si, por ejemplo, intentas romper su rutina normal de horas de sueño o si pones el osito en el lugar donde por lo general está la jirafa), ten cuidado de no apilar más normas. La frase que debes repetirte todo el tiempo es: *Las personas son más importantes que los procedimientos*. El hecho de que tu hija se sienta amada y aceptada es mucho más importante que los rompecabezas y cubos estén en el anaquel "correcto".

Con los primeros hijos se debe ser sumamente específico acerca de las reglas particulares que se implanten. ¿Recuerdas que te hablé en un capítulo anterior de que Holly no podía aceptar que le dijera: "Nos iremos *alrededor* de las nueve"? Los primogénitos necesitan el tiempo y el orden exacto: primero te lavas los dientes, después la cara, después te vistes, te pones los calcetines y los zapatos, y después puedes salir a jugar. No pretendo contradecir lo que dije anteriormente acerca de no apilar más reglas, lo que pretendo es que aceptes que a los primeros hijos les gusta tener un procedimiento específico, así que tómate el tiempo para ordenar todo de la A a la Z. Y no es una tragedia que rompan el esquema, pues la rutina no existe para apresarlos, sino para ayudarlos a procesar lo que deben hacer.

Debido a algunas peculiaridades que se presentaron en su

nacimiento, nuestra pequeña Lauren tiene en realidad la perso-nalidad de un primogénito; sin embargo, ella no lo admite, le gusta recordarme que es la pequeña, y entonces le recuerdo que cuando tenía dos años y medio ordenó perfectamente todos sus casetes. Y si tan solo cambiabas uno de su lugar establecido, ¡te hacía arrepentirte! Y cuando llevábamos al lago nuestra acua-moto Yamaha Wave Runner, con velocímetro digital, Lauren gritaba y se enfadaba si veía que te pasabas del número 4. No quería que fueras a 3, 5 o 4.5, había que mantener el vehículo exactamente en el 4.

Cuando llega el segundo niño (o el tercero o el cuarto), recuerda que tu primogénita debe recibir privilegios especiales, lo cual está bien, siempre y cuando se dé cuenta de que "ser especial" (es decir, quedarse despierta más tiempo o leer libros que no son adecuados para los niños menores) también signi-fica hacer trabajo extra que no pueden realizar las manos más jóvenes.

También dale a tu hija algunos momentos de conversación "dos a uno" (dos padres y un hijo). Los primogénitos tienden a acercarse a los adultos y, para ser honesto, prácticamente se ven a sí mismos como adultos y disfrutan de las conversaciones que pueden tener con sus dos padres. Respeta esta necesidad, ya que es un contrapeso útil al hecho de que, durante el día, mamá quizá tenga que pasar más tiempo con los hijos menores, que el tiempo que pasa con el primogénito, pues éste puede valerse por sí mismo mejor que los demás.

Por último, *relájate*. Los niños se contagian de nuestra ten-sión, y esto se aplica aún más a los primogénitos. Quiero que *disfrutes* este tiempo, pues ¡nunca podrás criar de nuevo a tu primera hija, esta es la única oportunidad! Mientras escribo este libro, Krissy, mi segunda hija, está esperando a nuestro primer nieto. Ella y su esposo estaban con nosotros en un restaurante, y cuando vieron a la mesera sacar una silla para bebé que se veía vieja, Krissy le comentó a su esposo: "Cuando Conner (ya tiene nombre) nazca, vamos a traer nuestra propia silla a los restau-rantes".

Con la mayor delicadeza posible le dije: "Krissy, un poco de mugre no va a matar a tu hijo". Si tan sólo supieras lo que el niño come cuando no te das cuenta (pegamento, lápices, comida para perro y cosas peores), ¡te horrorizarías! No es un gran problema que se sienten en una silla para bebé que no sea completamente nueva.

A todas las que son mamás por primera vez, quiero decirles que tengan en mente la imagen global. No le den tanta importancia a las pequeñeces. Cualquier niño derramará algo de vez en cuando, lo cual no significa que esté en camino de convertirse en un asesino en serie. No comiences batallas que no puedas ganar, como decirle: "Escucha jovencita, te vas a comer los chícharos ¡o te quedas ahí sentada por el resto de tu vida!". Tu primera hija podría cumplirlo.

No quiero decir que debas pasar todo por alto. Por ejemplo, no puedes tolerar en lo absoluto que una niña de dos años te golpee o sea insolente; pero por favor, pasa por alto las pequeñeces.

EL AMOR A LA VIDA QUE TIENE EL HIJO MENOR

En una ocasión, me pidieron que fuera el orador principal en un congreso al que asistiría mi hermana mayor, Sally, una primogénita hasta la médula. Eran las nueve en punto y estábamos desayunando. Mi sesión comenzaba a las diez.

Mientras comíamos, Sally me preguntó:

—¿De qué vas a hablar esta mañana?

Me encogí de hombros.

—No sé, no lo he decidido.

—¿Cómo que no lo has decidido? ¡Vas a subir al escenario frente a miles de personas en menos de una hora!

—Lo sé, pero quiero verlos primero antes de decidir de qué hablar.

Sally perdió el apetito.

—Me duele el estómago de sólo escucharte, estoy más nerviosa de lo que te puedes imaginar al escucharte decir eso.

Sally, la primogénita, hubiera escrito la conferencia semanas antes del congreso, y quizá la habría pronunciado frente al espejo una docena de veces, pero mis mejores charlas siempre surgen cuando no uso ningún tipo de notas, cuando sencillamente trato de percibir el estado de ánimo del auditorio, cuando logro vincularme con ellos y dar forma a mis palabras de acuerdo al tipo de personas que me escuchan.

Bienvenida al mundo de los padres que nacieron en el orden de hijo menor. Si este es tu tipo de personalidad, quizá te guste la espontaneidad tanto como el primogénito la odia. Te gusta ser el alma de la fiesta, el centro de atención y no soportas las reglas (aunque te *encanta* romperlas). Somos los bromistas que luchan contra el legado establecido por nuestros hermanos seguidores de reglas, que siempre buscan grandes logros. Analizando el lado positivo, somos buenos para las relaciones personales, podemos vivir con ambivalencia, nos gusta tomar riesgos y podemos ser tan persistentes como un perro hambriento tras un hueso. También tendemos a ser personas que divierten a quienes están con nosotros.

Pero cuando tenemos que criar a nuestro primer hijo, las cosas pueden tornarse un poco arriesgadas. En primera, no es probable que pongamos demasiadas reglas a nuestros hijos, pues nunca nos gustaron las reglas y tampoco nos gusta establecerlas. Lo anterior es bueno, pero a veces podemos ser *bastante desorganizados.* En una ocasión, Sande me dejó solo con una de nuestras hijas. Pude notar que estaba nerviosa por tener que irse durante una noche, pero le aseguré que yo era más que apto para la tarea, que no tenía absolutamente nada de qué preocuparse.

En la noche, Sande me llamó para ver cómo iba todo. Ansioso de impresionar a mi esposa con mis habilidades paternales, le hablé de cuánto nos habíamos divertido, de los lugares que habíamos visitado, de las actividades y de todo lo que habíamos hecho (todo aquello que sé que mi hija jamás había llegado a hacer con Sande).

—¿Y qué ha comido? –preguntó mi esposa.

—¿Comido? –respondí.

¡Rayos, sabía que había olvidado algo, nunca le di de comer a la criatura! Nos estábamos divirtiendo tanto ¡que olvidé que necesitaba comer!

Si eres primogénita, no puedes imaginar cómo alguien puede olvidarse de eso, pero si eres la hija menor, quizá tengas tus propias anécdotas. Los hijos menores odiamos dejar que reglas pequeñas (como comer tres veces al día) estorben nuestra diversión.

Hijas menores, pongan atención: Los bebés necesitan una estructura, en especial el primero. En este aspecto no podemos usar el pretexto de nuestro orden de nacimiento, debemos madurar un poco para ser buenos padres. Quizá no sea necesario que pongamos un cronómetro para saber a qué hora cambiar un pañal (como probablemente lo haga el primogénito), ni tenemos que preocuparnos de servir el desayuno a las ocho, el almuerzo al medio día y la comida a las cinco en punto (tres minutos antes o tres minutos después), sin falla, todos los días. Sin embargo, tenemos que alimentarlos y asegurarnos de que no deambulen por la casa con un pañal húmedo y lleno que pese más que ellos.

Te debes hacer consciente de que estás asumiendo una gran responsabilidad. Ya no puedes ser el centro de atención, ahora tú debes centrarte en tu hija. ¡Es difícil que los que nacimos al último podamos hacerlo!

También tendrás que aprender a ser un poco más organizada. Quienes fuimos hijos menores tendemos a ser bastante desordenados. Pero si no tienes cuidado de ser ordenada, todo el piso podría terminar cubierto de pañales y ropa sucia. Es sorprendente la rapidez con la que un niño puede llenar el cesto de la ropa sucia. Si eres *demasiado* desordenada, puedes crear una situación que sencillamente no es saludable para una beba. Y, cuando tu hija comience a gatear, debes estar atenta de no dejar al alcance de su mano nada que no quieras que termine en su boca.

De igual manera (y sé que esto te será difícil), tendrás que acostumbrarte a vivir dentro de un horario. Los bebés primogénitos crecen bien en entornos ordenados. Se desarrollan mejor cuando comen, duermen y reciben sus baños de acuerdo a una rutina constante. Cuando todo lo anterior se lleva a cabo de una manera descuidada, el bebé lo percibirá como caos. A los

139

bebés no les gusta el caos, lloran cuando se enfrentan a él. Los bebés que lloran alteran los nervios, ya de por sí alterados de una mamá, lo cual interrumpe el horario, y genera todavía más caos, haciendo que el bebé llore más y… Bueno, entiendes a lo que me refiero.

LOS MISTERIOSOS DE EN MEDIO

Todas las mamás que fueron las hijas de en medio no deben sentirse excluidas (aunque sé que lo harán). No cupiste en el álbum de fotos familiares por estar en medio de súper Sam, el mayor, y de Courtney la linda, la menor; por ello, eres quien tiene menos fotos en el álbum. ¿Adivina qué? También te corresponde la sección más pequeña del libro.

Pero espera, no te frustres, hay una razón para ello: Es probable que ya tengas el carácter óptimo para criar a un primogénito. Tu personalidad es menos intensa que la de la mayoría de los primeros hijos, pero eres un poquitín más responsable que los hijos menores. En pocas palabras, en realidad tú no necesitas consejos especiales.

Los de en medio tienden a ser la mezcla más misteriosa del orden de nacimiento, porque con frecuencia son lo opuesto al hijo que los antecedió. Por ejemplo, si el primero es un atleta, con frecuencia el segundo se vuelve un intelectual, o viceversa. Es sumamente difícil definir a los de en medio, ya que personas diferentes con este mismo orden de nacimiento se inclinan hacia direcciones distintas. Algunos son callados y tímidos; otros, muy sociables y extrovertidos. Unos son relajados; y otros, impacientes, y se frustran con facilidad. Hay a quienes les encanta competir y están ansiosos de superar a sus hermanos mayores; y otros son tranquilos. Aunque algunos desempeñan el papel de rebeldes, la mayoría son muy buenos mediadores.

Ya que por lo general los de en medio obtienen premios y reconocimientos fuera de la familia (porque no pueden competir con sus hermanos mayores), con frecuencia son quienes se van de casa mas rápidamente, lo cual se da en parte gracias al hecho de que por lo general tienen más amigos que los primogénitos y se sienten más cómodos en el mundo exterior.

Los de en medio suelen ser los más misteriosos (y cerrados) del orden de nacimiento y es bastante probable que tengan mentes fuertes y sean muy independientes. Aunque se avergüenzan con facilidad, también tienden a ser los más leales.

¿Qué se obtiene de poner a una persona así en una situación de maternidad? Las mamás con este orden de nacimiento tienen un don especial que pueden poner en completo uso: la intermediación. Si tu esposo es primogénito, prepárate para ser el "árbitro" de las batallas venideras entre padre e hija (así como de las que se desarrollarán entre la primogénita y el siguiente hijo). Ya recibiste la advertencia de que por lo general, el hijo o hija cuyo orden de nacimiento sea el más cercano al tuyo será con quien, comúnmente, tendrás más problemas para relacionarte. Por ello, debes estar consciente de las tendencias de tu esposo a tener conflictos con quien es de su mismo orden. Y espera que te llamen para ayudar a recobrar un poco de paz y tranquilidad.

Quizá tengas que evitar la actitud de "paz a cualquier precio". A los de en medio les gusta hacer concesiones, pero hay veces en que ser padre se trata de hacer juicios absolutos. Es posible que debas tratar de obtener el valor suficiente para decepcionar a tus hijos con tal de mantener tu autoridad.

Otra debilidad potencial, es el hecho de que tu orden es el más reacio a buscar ayuda externa. Debido al orden en que naciste, has aprendido a ir por tu cuenta y a realizar las cosas por ti misma. Por ello, es menos probable que cuando estés fatigada llames a la abuela o a tu esposo y admitas que sencillamente necesitas un descanso. Hazte un favor: actúa ocasionalmente como si fueras la hija menor, ¡quien no dudaría en imponerse ante alguien más!

UNA SEGUNDA OPORTUNIDAD

Sin importar tu orden de nacimiento, criar a esta hija te dará más de lo que puedas imaginar. Algo curioso que puede suceder es que comiences a entender un poco mejor quién y cómo eres tú. Después de que se te ha advertido debidamente sobre los puntos fuertes y las debilidades de tu orden de nacimiento, me

141

gustaría animarte a usar ese conocimiento como ayuda para relacionarte mejor con los demás.

No recibimos muchas segundas oportunidades en la vida, pero esta es una de ellas. Estás comenzando una familia completamente nueva, estás creando tradiciones totalmente diferentes, estás preparando el terreno para los recuerdos que tus hijos se llevarán a la tumba, y que es posible que afecten la manera en la que críen a sus propios hijos.

Tu beba aprenderá a través de ti todo lo que es la vida. Su perspectiva del mundo se determinará en gran medida por el mundo que le presentes. ¿Quieres mostrarle un mundo amoroso, consolador, cálido y cercano; o uno que critica, amenaza, que es inseguro y abusivo?

Yo sé que quieres darle a tu hija el mejor comienzo posible. Y para hacerlo, tendrás que usar la información que te hemos proporcionado con el fin de que te sientas desafiada a cambiar mientras eres madre. Esta es una rara oportunidad para trabajar en tu propia madurez. ¡Aprovecha esta segunda oportunidad!

9

Es tiempo de aprender a caminar

Ahora que tu beba ya tiene un año de edad, hablemos de la universidad. Casi puedo escuchar a algunas de ustedes decir: "Espere un momento doctor Leman, ¿no cree que está adelantándose demasiado?"

¡Para nada!

No me interesa a qué universidad vaya tu hijo o tu hija, ni siquiera si irá a una. Pero quiero que pienses en la edad universitaria como el tiempo en que tu labor como madre dará frutos, dulces o amargos.

Dicho de otro modo: Cuando ustedes, madres, lleven al pequeño que ahora duerme pacíficamente en su cuna y lo dejen (a los diecisiete o dieciocho años de edad) en el dormitorio de la universidad, ¿cómo les gustaría que fuera ese niño? ¿Quieren un hijo que dé o uno que quite? ¿Una hija que considere a los demás o que sea egoísta? ¿Quieren un hijo inseguro que no pueda sostenerle la mirada a quienes lo rodeen o un joven fuerte a quien sigan los demás?

Yo espero que quieran que su hijo sea responsable, que se preocupe por los demás, que posea los mismos valores morales que ustedes y tenga una fuerte fe en Dios. Si él es todo eso, no se preocuparán si se vuelve oficial de policía, meteorólogo o diputado; estarán orgullosas de su carácter y ansiosas de que todos sepan que ese excelente joven, es su hijo.

LA CLAVE PARA LOS SUEÑOS FRUSTRADOS (O CUMPLIDOS)

Quizá todas las madres tengan visiones similares para su hijo o hija. Después de todo ¿a qué madre no le gustaría ver ciertas cualidades en sus hijos? Pero por desgracia muchos de estos sueños se truncan mucho antes de que los niños lleguen a la adolescencia, ¿por qué?

La respuesta se encuentra en los primeros años de la vida de un niño. En la mayoría de los casos, la falta de disciplina es la culpable. Si amas a tu hija, la disciplinarás de una manera equilibrada, no excesiva ni deficiente (como ya lo mencionamos anteriormente). Y es por eso que dedicaré todo un capítulo a este tema tan importante.

Por favor, déjame reiterar que para mí, disciplinar no es lo mismo que nalguear. En especial, en el caso de un bebé, el castigo físico no es apropiado. Después (cuando tenga más de dos años), la disciplina puede incluir un golpe ocasional en el trasero, pero por ahora, la mejor manera de disciplinar a tu pequeño es viviendo una vida disciplinada.

Por lo cual, establece un horario para comer y dormir (ve el capítulo 3) y mantenlo cuidadosamente. Trabaja en un horario factible para las horas de dormir y sujétate a él. Los niños se sienten más cómodos con una rutina establecida. Sé una madre íntegra, es decir, que cuando digas "no" en verdad signifique *no*, en vez de *No, a menos que sigas gimoteando durante una hora más, en cuyo caso voy a ceder sólo para que te calles*. En realidad, la disciplina no es algo que se transmite a los hijos, más que nada, es la vida que llevas como adulta frente a ellos.

CONCEDE LA MAYOR IMPORTANCIA AL LARGO PLAZO

Algunas de ustedes ya decidieron no disciplinar a su hijo; en parte, al ignorar mi consejo de salir de casa solos como pareja durante las primeras dos semanas (¡Te atrapé, ¿verdad?!) Leyeron esa sugerencia y pensaron: *Ay, doctor Leman, usted no entiende. No podría dejar a mi beba durante dos horas. La amo demasiado como para hacerlo. Debe haber escrito eso para otras madres, no para mí.*

Perdón, pero si de verdad amaras tanto a tu beba, ¡pondrías su bienestar a largo plazo antes que tus propias inseguridades presentes, y continuarías avivando el romance en tu matrimonio! La disciplina comienza al salir y dejar sola a la beba, ya que de inmediato le expresas con tus acciones que: *Eres muy importante para nosotros, pero no correremos para cumplir todos tus caprichos. Dependes de nosotros y trabajaremos arduamente para satisfacer tus necesidades, pero el mundo no gira solo a tu alrededor.*

Nuestra meta como padres no es crear un estado pseudoutópico donde la niña sea feliz en todo momento. (¿Recuerdas lo que dije antes acerca de que una niña "infeliz" es una niña "saludable"? Los niños y las niñas necesitan descubrir desde el principio que no todo en la vida será perfecto o irá a su modo.) El hogar es el sitio donde los pequeños aprenden a fallar en un ambiente amigable y cálido, donde entienden que en ocasiones deben sacrificarse por el bien común y donde experimentan la alegría de contribuir a un esfuerzo de grupo.

145

Si comenzaste con vacilaciones, no te preocupes demasiado, sólo regresa a los capítulos anteriores de este libro y pon en práctica lo que te sugieren. No son rutinas arbitrarias hechas con el único propósito de mantener a tu hija viva y saludable. Por el contrario, las sugiero porque tienen el poder de dar forma al alma misma de tu hija.

¡CUIDADO CON CAMBIAR LAS RUTINAS O HÁBITOS!

Cuando los niños viven en el caos, preguntándose cuándo se servirá la cena, tomando siestas a una hora diferente cada día, o sin conocer la diferencia entre la hora de dormir por las noches y las siestas durante el día, a causa de que no les han establecido una rutina, crecen frustrados y enojados porque todo les parece siempre nuevo y confuso. Los hábitos y la disciplina brindan seguridad, entendimiento y, finalmente, niños más felices. Marcarán una pauta por el resto de la vida de tus hijos y, sorprendentemente, alcanzarán a la siguiente generación.

¿En verdad sirven tanto? La casa de los Leman es una prueba

viviente. No, no somos perfectos, pero hemos hecho varias cosas bien con nuestros cinco hijos. Por ejemplo, nunca hemos discutido si nuestros hijos pueden comprometerse en diferentes actividades cinco noches a la semana, ya que ellos aprendieron a temprana edad que la hora de la cena es un momento familiar. No hacemos excepciones con mucha facilidad. Permitimos visitas a nuestra mesa durante la cena, pero no es sencillo que accedamos a que nuestros hijos sean visitantes en otras mesas si sentimos que nuestra familia ha recibido muy poca atención.

Tales rutinas y hábitos brindan seguridad y una sensación de pertenencia. Los niños se desarrollan mejor en un ambiente así. Te sorprendería lo rápido que pueden aprender distintos hábitos, así como su importancia, a pesar de que no los entiendan. Cuando la mamá mece a su bebé en una silla especial, le lee un cuento y luego dice una oración, él sabe que se quedará toda la noche en la cama y que no está tomando sólo una siesta. Su reloj biológico aprenderá a ajustarse y a esperar el desayuno, la comida y la cena en un momento en especial. Si se respetan estos tiempos, el bebé no se quejará, porque sabe que así es como debe de ser.

Si no me crees, intenta este experimento: establece una rutina con tu hija que dure al menos catorce días y después intenta romperla. ¡Pronto te darás cuenta de lo importantes que son estas rutinas para la mayoría de los niños de cualquier edad!

Sande y yo aprendimos esta lección del modo difícil. Justo antes de la primera edición de *Making Children Mind without Losing Yours (Haga entender a sus hijos sin perder la cabeza)*, recibí una llamada de mi editor, quien me dijo que necesitaba una foto de nuestra familia para el día siguiente. Era un domingo por la tarde y el único lugar que encontramos abierto para tomarnos fotografías estaba dentro de una tienda departamental. Holly estaba tomando una siesta, así que hicimos lo que te dije que no debes hacer: rompimos su rutina y la despertamos.

Sin embargo, lo hicimos con miedo y duda. El peor trabajo del mundo (sin contar el de limpiar retretes portátiles o el de poner alquitrán al techo de una casa en Texas en agosto) era despertar a Holly de una de sus siestas. Y desde que era una beba, Sande y yo habíamos tenido muchas discusiones acerca de a quién le tocaba darle una palmada en el hombro a la pequeña tirana, para despertarla.

Despertar prematuramente a un niño me recuerda lo que sería ignorar una señal de advertencia de esas colocadas a lo largo del río Niágara, cerca de donde paso los veranos. Si caminas en el agua más allá de estos señalamientos, corres el riesgo de ser arrastrado por la corriente y caer por las cataratas, incapaz de detenerte o regresar; es el temido "punto sin retorno".

Este "punto sin retorno" es una buena lección que deben aprender los padres, ya que en ocasiones puede suceder lo mismo con los niños: te das cuenta de que has cruzado la línea que va a desatar el caos. Como resultado, todo se complicará más y más, a menos que retrocedas. Una vez que los niños tropiezan en esta pendiente resbalosa, no hay manera de detenerlos y volver a subir.

Sin embargo, dadas mis obligaciones con el editor, no podíamos desistir, debíamos tomarnos una foto familiar ese domingo por la tarde.

Finalmente, despertamos a Holly, pero vestirla fue casi imposible, nada le quedaba bien.

"La etiqueta me raspa… Las mangas están muy cortas… Este vestido está muy largo… Este vestido está muy corto… Siento raros los calcetines… Los zapatos están muy flojos."

¡Ya! Había sido suficiente. Hice que se quedara con lo que traía puesto y la saqué de su habitación literalmente pataleando y gritando.

En ese momento cometimos el segundo error: Holly no comió, ya que se quedó dormida. Por haber tardado tanto en vestirla, estábamos casi en estado de pánico y yo no quise hacer una pausa para comer algo; estábamos demasiado retrasados y se podía sentir cómo aumentaba la tensión. No creas ni por un momento que tus niños no notan cuando estás tensa. Les encantan los momentos como este: *Conque papá y mamá quieren hacerme trabajar con tanta prisa, ¿no? Bien, ya verán; hoy, me siento un poco lento.*

147

Le dimos una banana a Holly, la cual procedió a estrellar en el rostro de Sande. ¡Esa era nuestra primogénita! Atila el huno mezclado con la jueza Judy.

Sande fue a retocarse el maquillaje mientras yo llevaba a mi hija al auto en medio de gritos. Todo, para que pudiéramos tomarnos un bonito retrato familiar para mi último libro que hablaba de cómo criar niños. Coloqué a Holly en su asiento y le puse el cinturón de seguridad en tanto me preguntaba qué dirían los editores cuando una de las personas de la foto tuviera los ojos rojos e hinchados y la mamá tuviera restos de banana en todo el rostro.

Cuando llegamos a Sears, intentamos rociarle agua en el rostro a Holly, para componer la apariencia de sus ojos, pero eso sólo la irritó más. Nos tomó más de lo que puedas imaginar que el fotógrafo tomara una foto siquiera un poco aceptable. En definitiva, no era una fotografía digna de ganar un premio, pero fue lo mejor que pudimos conseguir ese día.

Ahora sé lo que debo hacer. Si un editor me llamara hoy con una petición similar, sería mucho más enérgico: "No puedo hacerlo, la tomaremos mañana y la tendrás el martes, pero no la voy a tomar hoy".

EL PERRO LÍDER

Otro efecto disciplinario de las rutinas es que ayudan a evitar algunas de las problemáticas luchas de poder. En especial con los primogénitos, las luchas de poder pueden convertirse rápidamente en un modo de vida. A muy corta edad, los niños comienzan a construir sus propios objetivos y a pensar que saben cómo debería ser la vida. Las rutinas que establezcas ayudan a reforzar la verdad de que no eres la sirvienta de la niña, eres su mamá; y existe una gran diferencia entre ambos roles.

Pero ya que con tanta frecuencia las luchas por el poder se vuelven parte de la primera experiencia de la paternidad, pasemos un poco más de tiempo hablando al respecto.

Nuestra hija menor, Lauren, recibió un cachorro *cocker spaniel* llamado Rosie cuando apenas tenía nueve años. Le dije a

Lauren que ella debía ser la mamá del cachorro. Quería que pensara de ese modo, pues yo sabía que criar a Rosie podría brindarle muchas lecciones valiosas en esa época en que mi hija se acercaba a la adolescencia.

Como lo sabe cualquiera que haya entrenado cachorros, los primeros antecesores de los perros fueron los lobos. Tienen una mentalidad de manada, y la ley de la manada es la siguiente: se puede ignorar, estar en desacuerdo o hasta pelear con los "amigos", pero siempre hay que obedecer al perro líder.

Si ves a un cachorrito molestar a su madre, y la escuchas gruñir, verás que el cachorro baja la cabeza al suelo como señal de sometimiento. En esencia, lo que el perro expresa, es: "tú ganas". Por el contrario, si otro cachorro gruñe, el primer cachorro le gruñirá o lo morderá. Pero ninguno puede cuestionar al perro líder.

149
••••

Lauren debía aprender que si solo quería ser amiga de Rosie, la vida no sería muy divertida. Mientras Rosie no viera a Lauren como "perro líder", se sentiría libre de obedecer o desobedecer cualquier orden, dependiendo de lo que le pareciera lo que le ordenara. Cuando Lauren saca a Rosie a pasear, Rosie puede fastidiarla u obedecerla gustosamente. Si reconoce a Lauren como el perro líder, caminará a su lado; pero si la ve como compañera de juegos, jalará la correa, cruzará la calle como le plazca o se detendrá cuando quiera.

Mientras Lauren y yo repasábamos todo eso, me sorprendió lo similar que es entrenar a un cachorro y criar a un niño. Con demasiada frecuencia hablo con mamás que quieren ser las mejores amigas de sus hijos. Y yo les digo que a los niños les hacen falta amigos, pero lo que más necesitan es tener padres. Si tú te vuelves amiga de tu hija, habrá momentos cuando no podrán evitar estar en desacuerdo. ¿Y cómo resuelven su desacuerdo? Entre dos personas iguales, una no tiene autoridad sobre la otra. El enfoque de "amigos" en la paternidad lleva a la confusión y al caos. Además, ¿cuántos niños de seis años necesitan tener un mejor amigo de veintisiete? ¿No crees que les gustaría un mejor amigo que de verdad disfrute con ellos cuando se siente a ver *Barney* en la televisión?

Como casi todo perro, Rosie tuvo sus momentos de "mordis-quear". Las buenas razas no atacan a las personas, pero juegan a poner los dedos o el brazo de alguien en su hocico; y, obvia-mente, los dientes juegan un importante papel. Mordisquear es algo que un buen dueño no permitirá a su mascota, pues un perro nunca debe pensar que tiene el derecho de poner carne humana en su boca.

Los entrenadores saben cómo manejarlo. Un truco es colocar de inmediato los dedos en el hocico del cachorro y apretar hacia abajo sobre la lengua del perro hasta que gimotee, al mismo tiempo que se le dice: "¡No muerdas!" Aunque esta puede ser una forma muy efectiva de entrenamiento, con frecuencia los niños pequeños no la utilizan por una de dos razones. La pri-mera, porque tienen miedo. Se está tratando de enseñarle al perro a no morder colocando deliberadamente la mano en el hocico del animal, lo cual requiere de mucha seguridad en sí mismo y de confianza en el perro (esos dientes pueden arañar los dedos).

La segunda, porque por lo general esta técnica hace que el perro gimotee; y el niño cree que está lastimando a su perro, sin darse cuenta de que el gimoteo es exactamente lo que se desea: es una de las formas en que el perro admite estar sometido.

En una ocasión, vi a un niño pequeño que realizaba esta téc-nica a la perfección: Después de días de trabajar con el entrenamiento mencionado, vio que su perro comenzó a mor-disquear a otro niño, y le gritó: "¡Out!" (una señal universal en el adiestramiento canino que significa: "¡Detente!"). El perro, al oír la orden y ver al niño, se volvió sobre su lomo, como si dijera: "Me rindo, ¿qué quieres que haga ahora?".

A veces he encontrado a mamás que se quedan inmóviles ante los gimoteos de sus hijos. Hace poco, mientras caminaba en un centro comercial, vi a una madre tratando de persuadir a su hijo para que bajara de un juego infantil. En vez de ejercer su autoridad, esa madre recurrió al soborno, diciendo: "Cariño, ¡si bajas podremos ir a Target a ver los juguetes!".

Lo que me impresionó fue el miedo evidente que mostraba ante el posible disgusto de su niño. Ella sabía que no quería dejar el juego y estaba tan aterrada de su hijo como para tan sólo decir: "Hijo, ya tenemos que irnos". Así que recurrió a prometerle algo que esperaba sería aún más divertido (ver los juguetes), para hacer que se moviera. Ahora, ¿cómo haría para sacarlo de la sección de juguetes de la tienda Target? Apuesto a que tuvo que comprarle un juguete.

¿Le temes a los lloriqueos de tu hija? ¿Permites que te gobierne al dejarle saber que una rabieta es todo lo que necesita para obtener lo que realmente quiere? No seas como una mala entrenadora de perros, reconoce que un buen entrenamiento produce un buen gimoteo de sometimiento de vez en cuando.

No trajiste un cachorro a tu casa, lo sé; sin embargo, trajiste a una niña bastante obstinada. ¿Cómo sé que es obstinada? ¡Porque casi todos los niños poseen esa característica! Aunque, desde luego, algunos más que otros; pero, por lo general, los niños controlarán tu vida si se los permites. Y nunca se detendrán.

151

Un amigo mío tiene un hijo que jugó en un torneo de golf. Mi amigo estaba observando el juego, y vio que uno de los oponentes de su hijo hacía berrinches con un "driver" *(nota del traductor: El "driver" es un palo de golf también conocido como madera No. 1)* de $450 dólares, con el cual golpeaba el suelo cada vez que hacía un mal tiro.

"Si lo haces de nuevo, ¡se acabó!", le advirtió su mamá en el primer hoyo. La siguiente ocasión en la que el chico hizo una rabieta, la mamá repitió la advertencia: "Una vez más, y será la última ¡te voy a sacar!".

El chico recibió no menos de cinco advertencias de "últimas oportunidades", pero en la "advertencia final" el padre dijo: "¡Eso es todo, se acabó!". Pero el chico siguió jugando y los padres lo dejaron.

El papá del muchacho le explicó a mi amigo que ese palo tan costoso con el que jugaba era prestado. Hizo todo un alboroto sobre cómo el muchacho tendría que "ganarse" el palo al quedar en el cuadro de honor de la escuela un determinado número de veces.

En realidad, el chico de las rabietas se desempeñó muy bien

en el torneo, aunque los demás padres y jugadores estaban horrorizados de la manera en que se había comportado; no obstante, sus padres recompensaron su comportamiento comprándole el palo que le habían dicho que se tendría que ganar. Entonces dime, ¿*en realidad* quién era el "perro líder" de esa familia? ¿Te gustaría que esa persona se casara con tu hija dentro de algunos años?

Un comportamiento como el anterior no se detendrá después de dieciocho meses o de cinco, diez o dieciocho años. Si permites que este niño te dirija desde ahora, si toleras un comportamiento abusivo, tu hijo te controlará por el resto de tu vida. Se reirá de tus amenazas porque sabe que no las cumplirás; se burlará de las recompensas que le prometas porque sabe que podrá obtener lo que desee sin tener que trabajar para conseguirlo. Él lo sabe porque está consciente de que tiene el control.

Tu beba debe aprender, tarde que temprano, que eres "el perro líder". Tus hijos deben aprender a obedecerte, no por estar de acuerdo contigo o porque seas capaz de darles cinco razones por las cuales estás en lo correcto. Necesitan acatar lo que les digas porque tú tienes la autoridad.

La lección más importante que doy a las madres jóvenes es la siguiente: "Recuerda: Tú eres la mamá. No puedes permitir que esta niña controle tu vida; y lo hará si la dejas. Tu trabajo no es satisfacer absolutamente todas sus necesidades. Quiero que establezcas una autoridad saludable de inmediato. Y mientras más pronto mejor".

En la calle vi a una mujer vestida con una camiseta que decía algo que en verdad me gustó: "¿Por qué? Porque soy la mamá".

Mientras más pronto establezcas esta autoridad saludable, más pronto comenzarás a disfrutar de la vida con tu hija; así sea una beba o tenga dos o tres años. Las verdaderas democracias (donde todo se decide a través del voto popular) pueden llegar a ser muy caóticas, en especial en una familia. Tú no diriges una democracia en casa; eres la dictadora benévola, y tan pronto como eso se entienda y se acepte, tú y tu hija serán más felices. Sí, algunos niños y niñas lucharán por tener el control, pero es más fácil negárselo a una beba o a una niña de dos años, que intentar "comenzar de nuevo" con una adolescente ¡que es mas alta y fuerte que tú!

Esta necesidad de enseñar a los niños a respetar la autoridad es la razón por la cual insto a las que son mamás por primera vez a no preocuparse demasiado por la mugre y los desórdenes poco importantes. Tendrás que considerar que es prioritario saber qué batallas son las que valen la pena, y en qué poner tu atención; así como aprender a tener una actitud saludable hacia las necesidades de autoridad. La obediencia y el respeto a tu papel como madre nunca deben convertirse en uno de diez problemas *adicionales* por los cuales peleen tú y tu hija. Ella debe entenderlos, aceptarlos y practicarlos diariamente. Es la primera batalla, y si la ganas, evitarás muchas batallas subsecuentes.

AHORRA TU ENERGÍA PARA LOS VERDADEROS RETOS

153
••••

A la primera hija, más que a sus hermanos, hay muchas situaciones que la inquietan y por las cuales no vale la pena pelear. Te sorprendería saber cuánta ropa molesta a los primogénitos. Tienen que usar ciertos colores, cuellos o telas. Si una manga es demasiado larga o demasiado corta, la camisa está "arruinada". Cuando comen, desarrollan todo tipo de reglas quisquillosas, como no permitir que la miel para los panqueques moje los panqueques, o llorar al surgir la "crisis" de que la salsa del espagueti tocó el pan por accidente. La primera vez que llevamos a la playa a nuestra primogénita, Holly, descubrimos, para nuestra consternación, que odiaba que la arena entrara en contacto con sus pies y manos. Yo la limpié, pero no dejó de gruñir y apuntar hacia sus manos ¡hasta que descubrí los dos granos de arena que la molestaban!

La energía debe ahorrarse para los verdaderos retos. Si a tu hija no le gustan los panqueques húmedos y pastosos, deja que ella misma vierta el jarabe, o colócalo en un plato diferente. Si la niña cree que una camiseta es incómoda, déjala escoger. No querrás que las discusiones con un primogénito se vuelvan un modo de vida, ¡te agotarían!

DE SATISFACER A DIRIGIR

En los primeros tres meses de la vida de tu beba, pasaste la mayor parte del tiempo satisfaciendo sus necesidades básicas: cargarla, mecerla, alimentarla, jugar con ella y acostarla para sus siestas.

Sin embargo, en cuestión de meses, tu atención deberá cambiar, de satisfacer sus necesidades a dirigirla hacia una independencia saludable. Estoy seguro de que cada mes que pasa, esta niña se ha convertido cada vez más en un individuo. No pasó mucho tiempo antes de que la recién nacida pudiera distinguir la diferencia entre los brazos de mamá, los de la abuela y los de un extraño; y cuando quería comer, ¡quería los brazos de su mamá!

Cuando eso ocurría, reías, tomabas a la beba en tus brazos y, quizá en secreto, estabas bastante complacida de que te quisiera más a ti. No obstante, si permaneces en el papel de solo satisfacer las necesidades de tu hija, estarás dando pie a algunos serios desafíos futuros.

Tú tienes ahora la oportunidad, el privilegio y la obligación de ayudar a tu hija a madurar hacia su propia individualidad. La dificultad que se te presenta es que, en medio de este proceso, puede ser muy confuso tratar de distinguir los desafíos a tu autoridad, de las rarezas personales. Estas señales pueden ser tan sutiles que, frecuentemente, las que son mamás por primera vez no las reconocen por lo que son. Si la niña cree que al gimotear, lloriquear, rebelarse o parecer asustada conseguirá quebrantar tu autoridad, eso es lo que hará. Y ya que nunca antes has pasado por eso, podrías no darte cuenta de lo que ocurre: ella no está peleando por los panqueques húmedos, está luchando para conseguir el control.

Como madre, tu trabajo es entender las inseguridades de tu hija y ayudarla a lidiar con ellas de una manera saludable y sumisa. Tomemos como ejemplo una situación común. Imagina que la dejas en el jardín de niños (sé que faltan uno o dos años, pero pasarán antes de que te des cuenta). El primer día de clases, tú y ella, de tres años, están retrasadas; y cuando llegan, todos los demás niños ya están en sus lugares, coloreando unas tarjetas con sus nombres. Tú y tu pequeña caminan hasta la puerta de la habitación, y ella ya se siente como una forastera. ¿Qué es lo que hace? Se aferra a tu pierna como si estuviera ante un precipicio del monte Everest, del cual seguramente caería y moriría si se soltara.

Tú nunca has pasado por esta situación nunca antes has dejado a un niño en el jardín de niños, así que no estás totalmente segura de lo que deberías hacer. Por fortuna, la señora Jenkins, la profesora, tiene una maestría en educación y desarrollo infantil, por lo cual se dice a sí misma: *Más vale que ayude a la oveja perdida a integrarse al rebaño*, y camina hacia ustedes. Se arrodilla para quedar a la misma altura que la niña y le dice con delicadeza: "Hola Alexandra".

El primer acto oficial de Alexandra es esconder la cabeza entre tus piernas, intentando fingir que nada está ocurriendo. No la has visto actuar de este modo en algún tiempo; parece como si estuviera retrocediendo un poco, así que estás muy confundida. Te preguntas si estás haciendo lo correcto al traerla al jardín de niños, ¿deberías haber esperado hasta preescolar?

155

¿Qué sucede aquí? Bien, trata de verlo desde su perspectiva: Alexandra *está* un poco asustada, nunca ha enfrentado una situación similar y es normal que actúe de ese modo, en especial si no conoce a la maestra o si no ha estado lejos de ti más que algunos minutos.

Después de un poco de persuasión y mucho pedir, tú y la señora Jenkins por fin logran que Alexandra deje de esconder la cabeza y diga un "hola" apagado. Con un esfuerzo aún mayor, la profesora consigue despegar a la niña de tu pierna para escoltarla hasta el frente del grupo. Y dice: "Escuchen todos, quiero presentarles a Alexander, ¿pueden decirle 'hola'?"

Y el grupo responde al unísono: "Hooola Alexandra".

Te quedas el tiempo suficiente para ver a tu hija unirse contenta al juego del grupo, después te hace una seña para hacerte saber que está bien, y regresas a tu auto llorando como una beba ¡porque tu primogénita está creciendo y ya no te necesita!

Dada esta situación, ¿qué crees que pasará el martes? ¿Alexandra entrará con confianza a la escuela, como si le perteneciera, saludará a todos y gritará: "Muy bien, profa, qué va a enseñarnos hoy"?

No es muy probable, y pasarán algunos años antes de que suceda algo así.

Lo más posible es que la pequeña se retraiga de nuevo y se aferre fuertemente a tu pierna. Comprensiblemente, tú, que eres mamá por primera vez, estás confundida.

—Pero Alexandra, ¿recuerdas cuánto te divertiste ayer?

—No.

—¿Quieres quedarte de nuevo?

—No.

En su interior, Alexandra quizá quiera quedarse, pero también desea la misma bienvenida tranquilizadora que recibió el día anterior. La presentación de ayer hizo que su día fuera tan bien que decidió no entrar hoy, esperando que la señora Jenkins llegara de nuevo con ella, la escoltara personalmente y le diera otra gran presentación. Sería la cereza en el pastel si todos en el salón dijeran de nuevo: "Hooola Alexandra".

Como adulta que eres, quiero que te coloques en el lugar de esa niña de tres años por un minuto. ¿Preferirías entrar fríamente a una situación de grupo o esperar a la acompañante, de olor dulce, manos suaves y voz alentadora? Conozco a muchas personas de cuarenta años que temen relacionarse en las fiestas, así que no seamos demasiado duros con una niña de tres años de edad.

Sin embargo, comprenderla no significa que cedas ante sus exigencias. Los niños se dan cuenta con mucha rapidez cómo pueden controlar las situaciones si, por ejemplo, se comportan estridentes, odiosos, tímidos o se fingen enfermos; he visto de todo. Mientras su comportamiento les consiga lo que desean, en realidad no les importará qué método usar. Y son lo suficientemente inteligentes como para averiguar la manera de manipularte.

¿QUÉ DEBES HACER?

El segundo día de clases, agáchate hasta estar a la altura de Alexandra y dale un abrazo que le inspire confianza. "Cariño, estos son los mismos niños de ayer, y mira, ahí está la señora Jenkins. Tienes que ir a la escuela ahora, ese es tu trabajo, y mamá tiene que ir al suyo." Dale un abrazo y un beso, y si comienza a quejarse, haz contacto visual con la maestra, trata de comunicarle: *Ya me voy, buena suerte*, y después vete sin mirar atrás.

Si te quedas a discutir con la niña o si al salir del salón permaneces cerca o regresas a la habitación, le estarás haciendo una invitación a sacar el arma más poderosa: un berrinche monumental.

El tercer día, la despedida debe ser aún más rápida. Ya mencioné la lección que se aplica en este caso: *no comiences hábitos que no quieras ver perpetuados*. Si no quieres discutir con Alexandra todas las mañanas sobre los méritos de la escuela, no entres siquiera en una sola discusión. Con una sola ocasión en que hayas actuado de cierta manera, tu primogénita lo considerará como un permiso para seguir llevándolo a cabo por la eternidad. Una vez que le das a una niña un segundo tentempié en la noche, acabas de establecer la expectativa de que cada noche puede esperar recibir dos refrigerios. Sabe que quizá tenga que trabajar para conseguirlo, pero ya que te hizo ceder una vez, supone que puede hacerlo una segunda ocasión.

Así que en ese tercer día, debes hacer borrón y cuenta nueva con Alexandra. Si hablas con un padre veterano, te dirá que aunque tu hija podría hacer todo un escándalo cuando te vas, por lo general se tranquiliza de inmediato. ¿Por qué? Porque no hay quien la escuche. La profesora experimentada no cae en ese juego, así que la niña toma sus armas y las enfunda.

Y después del tercer día, tampoco bajes la guardia. Algo que noté con Rosie, la perrita de Lauren, fue que, aunque iba bastante bien en su entrenamiento, tuvo un par de días malos. Parecía estar retrocediendo para probarnos y así saber si en verdad debía obedecernos.

Tu hija hará lo mismo. Una vez que sepa cuál es su lugar, se instalará con bastante comodidad, pero por un tiempo; ya que si ve que tus defensas se debilitan, saldrá de nuevo con las armas relucientes, lista para desafiar tu autoridad. Debes mantener el

157
••••

control de manera constante. Tu hija necesita que mantengas tu autoridad.

EN RESUMEN

Yo sé que podré sonar un poco repetitivo, pero este asunto de la paternidad es tan importante que quiero asegurarme de que lo comprendas por completo. El siguiente es un resumen de lo que hemos hablado.

¿Cómo disciplinas a un niño que gatea (o a un bebé, dado el caso)? Se disciplina a los hijos llevando una vida disciplinada. Llevas a cabo acciones que sean buenas para ti y para tu matrimonio. Mantienes una autoridad saludable sobre tus hijos, ya que hacerlo te ayudará a asegurar que estás criando a un niño que respetará a las mujeres cuando se convierta en hombre o a una niña que respetará a los hombres cuando se vuelva mujer. Evitas comenzar hábitos que no quieres que continúen durante los siguientes dieciocho años.

Mientras más disciplina tengas, la labor será más sencilla para ti. Por ejemplo, si entrenas a tu primogénita a que se quede tranquila en la cama hasta que llegues por ella, te ganarás el derecho de usar el baño, cepillarte los dientes y cuidar de tus asuntos personales antes de comenzar el largo día de una madre. Tu hija puede aprender a ver libros o a jugar con sus juguetes, y sabe que no puede salir hasta que vayas por ella. ¿Puedes ver cómo se te facilitarán las cosas? Imagina cuánta energía tendrás y cómo quizá seas una mejor madre, si puedes establecer pequeños hábitos como este.

Ahora, digamos que no haces nada de lo anterior, que esperas hasta que la beba grite antes de sacarla de la cuna, ¿qué mensaje le transmites a la niña? El de: *Yo tengo el control. En cuanto yo quiera que mi día comience, lo único que debo hacer es comenzar a gritar y mamá vendrá corriendo.*

En una casa así, la mamá se despierta y camina de puntas por la cocina, quizá decida no accionar la palanca del agua del retrete y se cepilla los dientes sin hacer mucho ruido, por miedo de despertar a la pequeña tirana. ¡La pequeña no tiene ni un año y ya tiene aterrorizada a la mamá!

"Pero, doctor Leman, ¿cómo hago que mi hija espere a que la saque de la cuna?"

No cedas al llanto, fija un horario y apégate a él. Podría tomar catorce días establecerlo, pero si lo sigues, al final la jovencita entenderá lo que sucede y aprenderá a mantenerse ocupada mientras te preparas para enfrentar el día.

Mejorarás en este aspecto con tu segundo hijo. Criar a dos hijos al mismo tiempo significa que en ocasiones tienes que dejar algunas necesidades sin satisfacer, porque sólo hay una mamá y dos hijos. Un niño podría necesitar un cambio de pañal mientras que la otra te ruega que prepares el almuerzo. Como no puedes hacer ambas cosas, alguien tendrá que esperar.

No obstante, con el primer hijo la tendencia es acudir de inmediato a cualquier petición.

Tu primer instinto será: *¿Cómo hago que Madison deje de llorar? Si está llorando, ¡es mi trabajo hacer que se detenga!* Después aprendes que todos los bebés lloran y no permitirás que la tuya te manipule de esa manera. Esta podría ser una lección difícil para algunas, pero es de gran importancia. Y mientras más pronto la pongas en práctica será mejor.

¿SOCIALIZAR?

La inclinación de muchos padres primerizos también se orienta a crear una especie de superbebé o superniño. Inscriben a sus hijos en clases de gimnasia, clases de danza, grupos de juego y otras actividades, todo en el nombre de una buena actividad física y de la "socialización".

Para mí, esto es como reservar una iglesia para la boda de tu hija antes de que tenga edad para tener citas. Te estás adelantando demasiado.

Para ti que comienzas, te diré que una beba necesita aprender a vincularse con su mamá. Un vínculo de este tipo no se da en dos días o dos semanas, ni siquiera termina de formarse en dos años; es un proceso largo. Al fortalecer la relación que tienes con tu hija (al divertirse juntas, jugar en el parque o tomarse de las manos) construirás una unión que durará toda la vida.

Tal vez no sabes que jugar con una niña de dos o tres años es divertidísimo. A esa edad los niños pueden ser formidablemente imaginativos, están contentos tan solo de tener tu atención y son pequeños, para que los levantes y los cargues un poco. Cuando ven por primera vez una oruga, parece que hubieran descubierto oro, ¡y su risa! ¿No te encanta escuchar la risa de un niño?

Demasiado pronto tu hija entrará al jardín de niños o al preescolar y comenzará a tener otros amigos fuera del círculo familiar. En ese tiempo, en vez de que tu hija juegue contigo, la verás jugar con alguien más; sin embargo, no hay razón para apresurar este proceso, y sí hay muchas buenas razones para retrasarlo.

Entre los tres y los tres años y medio, creo que es saludable que tu hija se involucre con otros niños. Hay algunos beneficios en el jardín de niños. No obstante, si decides no inscribirla, no te sientas como la peor madre ni te preocupes de tener una hija carente de habilidades sociales. Nadie de mi generación fue al jardín de niños y parece que estamos bien (al menos la mayoría de nosotros).

Muchos padres (y hasta algunos expertos) dicen que tus hijos serán unos marginados el resto de su vida si no haces que comiencen una gran variedad de programas desde temprana edad, para expandir su cuerpo, su mente y sus habilidades sociales. Sin embargo, no veo muchos beneficios en organizar la vida con el propósito de la socialización antes de los tres años de edad. Ya habrá ocasiones en que los niños se queden en la guardería de la escuela dominical, o en que una amiga vaya de visita con un pequeño de la misma edad. En mi opinión, se sobreestima a los grupos y las experiencias de juego. Para los infantes y para los niños hasta de tres años, me preocupa mucho más lo que ocurre entre padres e hijos que lo "sociable" que parezca ser un niño de dos años y medio.

Te aconsejo que no te dejes influir por esta tendencia, y a largo plazo será más benéfico para ti y para tu beba. Definitivamente, no inscribas a tu hija de dos y medio años a clases de gimnasia porque te parezca que no es buena para jugar con otros niños. Sería mucho, demasiado pronto y antes de tiempo. Tu niña tendrá suficiente tiempo para socializar con otros niños, y el éxito de esa socialización dependerá en gran medida de la relación que tenga contigo, no de las experiencias que tenga al estar con otros niños de su edad a los tres años.

Sólo espera. Además, para el momento en que tu hija tenga trece años, será tan sociable que te volverá loca. Cada vez que levantes el teléfono deberás sufrir escuchando a dos niñas soltando risitas sobre el "chavo" que vieron en la clase de deportes.

Me doy cuenta de que mucho de lo que digo va en contra de la corriente actual de la opinión común, pero espero que lo pongas en práctica. Hagamos un trato. Entra al estacionamiento de un jardín de niños promedio y ve qué autos hay. Si me das cinco dólares por cada monovolumen y minivan que veas, te daré veinte dólares por cada auto de otro tipo. ¿Quién crees que ganaría esta pequeña apuesta? Te aseguro que yo. ¿Sabes por qué? Porque los humanos tendemos a actuar como clones, vemos lo que hacen los demás y hacemos lo mismo. Es parte del anhelo humano de vinculación, de aceptación. Sin embargo, a veces "lo mismo" no es lo mejor.

En este tiempo y a esa edad nos preocupamos demasiado por la socialización y poco por la relación entre padres e hijos. Una niña saludable no necesita estar con otros niños antes de tener tres años, pero sí necesita el cuidado de unos padres amorosos a todas horas. En ocasiones, los estadounidenses cambiamos el sentido de estos importantes principios, y ponemos a los niños en guarderías donde están todo el día y en jardines de niños, para que las mamás y los papás se ocupen de sus cosas. Esa manera de pensar está en decadencia, y es tiempo de que la resistamos.

Desde luego, la socialización es la crítica principal que se hace a quienes educan a sus hijos en casa. Pero me maravillo al ver cuántos de esos padres logran conseguir sus objetivos. Sande y yo no educamos en casa a nuestros hijos, pero veo varios beneficios en que algunas familias busquen hacerlo. El mayor argumento en contra de la educación en casa es el de la "socialización", lo cual no creo que sea un problema en lo absoluto.

En el fondo, la prisa por socializar a nuestros hijos les niega todo el impacto que podemos tener como padres. No te subestimes, puedes hacer una diferencia inmensa en la vida de tu hija. Las palabras amorosas y de ánimo, la estimulación por el tacto, reír con ella, leerle algo, comer juntas y crear una atmósfera de pertenencia, es diez veces más importante que poner a dos niños en un patio de juegos durante una hora y llamarle "socialización".

¡CREA RECUERDOS!

Las personas que van conmigo para recibir terapia no recuerdan haber jugado con otros niños a los dos años de edad, ni hablan con cariño de las ocasiones en que los llevaban en coche de las clases de gimnasia a las juntas de las niñas exploradoras, al ballet o al fútbol. Pero sí recuerdan las cenas en casa, los juegos familiares de los viernes por la noche y las tartas de manzana que se enfrían en la ventana (o la falta de esas memorias).

162

Estos tipos de recuerdos son mucho más profundos, duraderos y saludables que darle a tu niña de dos años una niñez frenética. ¿En verdad quieres que tu hija recuerde a una madre que siempre parecía agobiada y estresada, o que siempre estaba hablando consigo misma o por el celular, porque trataba de mantener un horario cada vez más ajustado y se desesperaba por tener diez minutos de retraso? ¿En verdad crees que eso ayuda a tu hija?

Disminuye tu ritmo de actividades, llega a conocer a tu niña y vincúlate con ella, vive una vida disciplinada y establece una autoridad saludable. Si logras todo lo anterior tu hija dejará de ser una beba para entrar a una nueva etapa de la cual saldrá con un carácter fuerte, con un cimiento de pertenencia y con la gran posibilidad de convertirse en una adulta saludable, bondadosa y madura.

10

Los secretos del oficio

Cuando recibes una advertencia temprana, es como si recibieras armas. Por eso quiero equiparte con el total conocimiento de seis de las tácticas más comunes que los niños usan para conseguir tu atención o para conseguir lo que desean. Después de décadas de dar asesoría familiar, he encontrado que pocos niños son verdaderamente originales, así que consuélate: sea lo que sea que haga tu hija, lo más probable es que sea algo que ya se haya hecho muchas veces. Sólo necesitas aprender los "secretos del oficio" de tu primogénita, y cómo responder mejor a ellos.

LOS MORDISCOS

En Tucson, Arizona, hay una iglesia cuya puerta dice mi esposa que no volverá a cruzar. A ese lugar llevamos a Hanna cuando todavía era lo suficientemente pequeña como para quedarse en la guardería. Y ahí, un niño le dio un mordisco al sombrero que ella traía puesto, de tal manera, que todavía tiene marcas de dientes en su cabeza. Por desgracia, un hecho así, no es poco común. Un estudio de la Universidad de Minnesota encontró que casi la mitad de 224 niños inscritos en una guardería fueron mordidos al menos una vez durante el transcurso de un año.

Los niños pequeños muerden, en especial entre las edades de tres o cuatro años. Algunos lo hacen con inocencia, otros de manera agresiva y otros por jugar. Pero, sin importar la motivación, es un comportamiento que querrás detener de inmediato.

¿Por qué muerden los niños? Buena pregunta. Si tuviéramos la respuesta definitiva a esa pregunta podríamos desarrollar mejores estrategias para evitarlo. Sin embargo, debo confesar que es uno de los problemas de carácter más difíciles con los que me he enfrentado. Mi suposición es que en buena parte tiene que ver con la dentición, pues darle un mordisco a algo, aun si es carne humana, los ayuda a sentirse mejor por un par de segundos. Otros niños podrían morder como señal de enojo, frustración o agresión. Algunos sólo buscan atención y han aprendido que la reacción de horror ante esta conducta atrae mucha atención. Tal vez otros podrían ver algo que se mueve frente a ellos y lo muerden por curiosidad, y olvidan que esos dedos bailarines pertenecen a una persona.

De nuevo, es útil conocer la motivación de tu hija mientras piensas cómo tratar mejor este comportamiento. Hay expertos que utilizan todo tipo de métodos para manejar este problema. Algunos te dirán que la muerdas también, y a decir verdad, muchos padres me han dicho que después de que mordieron ellos a sus hijos, los niños han dejado de hacerlo de inmediato. Sin embargo, como psicólogo no puedo recomendarte que lo hagas. Además, si rompes la piel, podrías provocarle una infección desagradable; y también te costará trabajo explicarle una marca de dientes a cualquier trabajador social.

Mi sugerencia es que le digas a tu niña un "¡No!" muy enfático, y le hagas un ademán con el dedo al decírselo, y que saques de inmediato a tu hija del lugar. Aíslala por uno o dos minutos, lo cual le parecerá una eternidad a una niña de dos años. Cuando la pequeña aprenda que morder significa aislamiento, lo más probable es que piense dos veces antes de morder de nuevo a alguien.

La pequeña no nació con un mecanismo de autocontrol completamente desarrollado. Ten en mente que debes tomarte el tiempo de enseñarle que hay maneras correctas e incorrectas de responder a las agresiones de los demás: *Puedes usar palabras, puedes alejarte, puedes darte vuelta, pero no debes morder.*

Este tipo de conversación supone un cierto nivel de madurez, otra razón por lo cual no veo la necesidad de que los niños menores de tres años socialicen. Por lo general, los niños de esta edad actúan por impulso, y carecen de la habilidad para entender tus argumentos y explicaciones.

CONTENER LA RESPIRACIÓN

Los niños más pequeños, en especial de tres a cuatro años de edad, descubren rápidamente el temor que mamá y papá pueden albergar ante cualquier posible emergencia médica. Y si un padre o una madre reaccionan exageradamente ante una herida menor, el pequeño Buford entiende con rapidez la manera en la que puede usar este miedo a su favor. Cuando se siente impotente, decide tomar el control. *Si no me dejas hacer lo que quiero, voy a dejar de respirar.*

Lo anterior puede aterrorizar a un preocupado padre primerizo, en especial cuando el niño se pone rojo o morado. Desgraciadamente, algunas madres se asustan tanto que se rinden de inmediato. Piensan: *No vale la pena morir por una galleta*, pero su motivación para darle la galleta al niño no podría ser más desatinada.

Aunque este es un truco muy socorrido por los niños, en realidad no es tan amenazante como parece. Un niño no puede lastimarse al contener la respiración. Aun si tu hija no es como la mayoría de los niños, y puede provocarse un desmayo, comenzará a respirar de inmediato cuando eso pase.

Tu mejor antídoto es ignorar esa conducta o decir algo como: "Vaya, en verdad te has de sentir incómoda; pero de todos modos no te vas a salir con la tuya", y alejarte. *El único poder que posee una táctica de estas es el poder que le permitas tener al prestarle atención.* Lee de nuevo lo que está en cursivas, porque es la llave para evitar cualquier comportamiento no deseado en tu hijo.

LOS LLORIQUEOS

¿Sabes cuál es tu mejor arma contra los lloriqueos? ¡Construir un "ático para gimotear"! No es broma. Quizá sea más económico designar una habitación para este propósito, pero la idea es que una vez que coloques a tu hijo en un lugar donde no puedas oírlo, los berrinches no puedan continuar.

Los lloriqueos surgen inevitablemente cuando tu hija tiene la edad suficiente para enfrentarse a ti y se le prohíbe hacer algo que quiere hacer o se le obliga a algo que no quiere hacer. Todos serán más felices si cortas los lloriqueos de raíz. Cuando intentas razonar durante una "sesión de gimoteos", refuerzas el comportamiento no deseado al prestarle atención. Cuando Melissa, de dos años de edad, patea la puerta y tu reacción es decirle: "¡Melissa Jane, deja de patear esa puerta!". ¿Qué hace Melissa?

Ella patea, patea y patea.

Muchos de los padres primerizos cometen un gran error al añadir: "Melissa ¿no te dije que no patearas la puerta? ¡Por qué la estás pateando!".

Patea, patea.

"¡Melissa! ¡Ya verás si vuelves a patear esa puerta!"

Y ella patea, patea, patea, patea y patea.

Melissa está obteniendo exactamente lo que desea: tu atención. Si permites que tu hija haga algo tres veces antes de advertirle "por última vez", entenderá que debe hacer algo cuatro veces antes de tener que detenerse. Lo mismo ocurre con los lloriqueos.

Esta es una posible situación:

—Pero mamá, no quiero ir hoy a la casa de Brandon, me aburre.

—Querido, la mamá de Brandon es mi mejor amiga y vamos a ir.

—Pero, ¿no podríamos mejor ir al parque?

—No, vamos a ir a casa de Brandon.

—¿Y si vamos a la alberca? ¿No quieres ir a la alberca?

—Cariño, ya le dije a la mamá de Brandon que vamos para allá.

—Pero no quiero ir a casa de Brandon, ¿por qué no podemos quedarnos en casa?

Toda esta conversación es innecesaria. Si no quieres reforzar un comportamiento negativo, no respondas a él, aléjate de esa situación. No des ningún indicio de que tienes el menor deseo de tolerar ese comportamiento, o de que podría llegar a tener éxito para que el niño consiga lo que quiere. ¡No estás forzada a explicarle tus acciones a un niño de dos años!

Algunas mamás que pasan por esta situación me dicen: "Doctor Leman, nunca me rindo, pero siempre se está quejando, ¿cómo es posible?"

Hasta Buford sabe que no te rendirás, pero si es obstinado (como dije antes, ¿qué niño no lo es?) intentará hacerte pagar por obligarlo a visitar a Brandon. Sabe que es inevitable ir a casa de Brandon el aburrido, pero cree que si puede hacer toda tu mañana miserable, lo pensarás dos veces antes de regresar. En otras palabras, ¡te está castigando por llevarlo a casa de Brandon y está intentando *moldearte!* ¿Se lo permitirás, o eres tú quien está al mando?

¿Cómo detienes los lloriqueos? ¡Sacando al pez del agua! Mantente firme, lleva al niño a un lugar donde no lo puedas escuchar, ver o responder a sus tácticas guerrilleras, y después aléjate. El actor se detendrá si le quitas el público.

Y usa el cerebro: Si le gritas "¡no te oigo!", el pequeño Buford sabrá que puedes escucharlo; si no, no se lo dirías. Pero si te vas al otro lado de la casa, pones algo de música y de verdad pones tu atención en otra cosa, él comprenderá que sus lloriqueos caen en oídos sordos.

LAS MASACRES EN LA MESA

Hasta ahora, supongamos que has leído con gran interés todo lo expuesto en el libro. Cuidas el tiempo familiar de la cena y estás ansiosa de interactuar correctamente con tu hija, y entonces una noche surge una "masacre en la mesa". La comida vuela, la niña grita, tu rostro refleja la frustración de creer que es imposible ser madre y toda la tarde parece arruinada.

No todos los niños te llevarán a estos episodios, pero muchos sí lo harán. Podrías tener tres niños que se comporten como peces "guppi" en la mesa (comen su cena tranquilamente, apenas si hacen ruido y casi no dejan desorden). Pero quizá también tienes una piraña que lanza comida, patea la charola de su silla, ¡lanza los trastos al piso y después aplaude con gusto!

¿Qué es lo que en verdad está sucediendo, y qué puedes hacer al respecto?

DETERMINA CUÁL ES LA MOTIVACIÓN DE TU HIJO

Primero, debes establecer cuál es la motivación de tu piraña. Algunos niños hacen locuras en la mesa por simple curiosidad. Lo que para ti es comida, a tu hija le parece una docena de sensaciones diferentes: *Este puré de papa se siente muy fangoso en las manos, ¿cómo se sentirá en el cabello? ¡VAYA, qué amarillo se ve ese maíz! Mira cómo vuela. ¡Sí! Aterrizó en el frasco del azúcar, ¡tal vez este caiga en la mantequilla! ¡Mira las figuras que hace el puré de zanahoria cuando lo derramo! ¡Oye, la forma sigue cambiando! ¡Qué genial!*

¿Cómo saber si su motivación es la curiosidad o la rebelión? Con el tiempo podrás distinguirlo de inmediato. Si conoces a tu hija, sabrás lo que está tras su manera de pensar. Observa su actitud: ¿está sonriendo o frunce el ceño; en verdad parece estar explorando, o usa el comportamiento negativo para ganarse tu atención? No creo que se deba castigar a un bebé curioso.

TEN EXPECTATIVAS REALISTAS

Segundo, muchos padres primerizos sencillamente esperan demasiado de sus hijos, en especial a la hora de comer. Los niños no se quedan sentados durante tres cuartos de hora mientras sus padres tienen una conversación de adultos acerca de la economía. Si llevas a una niña de dos años a un restaurante, donde hay toda clase de sonidos, olores y cosas nuevas que ver, y esperas que ignore todo, se mantenga callada y se comporte como un adulto, sencillamente no estás siendo realista.

Si en realidad quieres disfrutar tu tarde, deja a la beba con tus padres o con una amiga cercana; no la pongas en una situación en la que fallan el noventa por ciento de los bebés. Sí, ya sé que esto significa que tendrás que limitar tus actividades por algún tiempo, pero no que no puedas salir nunca a comer fuera; cuando salgas, sencillamente hazlo como si fuera una cita y no una salida familiar.

Lo anterior se relaciona con todo el fenómeno de Disney, del cual hablé anteriormente, pero sólo dame un momento para seguir dogmatizando al respecto (sin agraviar al Magic Kingdom

[Reino Mágico] de Disney). Algo que nunca sabré es por qué los padres llevan a niños de dos años a Disneyland o a Disney World. Es algo que sobrepasa completamente mi entendimiento y me gustaría llegar a saber la razón. No comprendo qué piensan los padres, que esperan que los niños duren más de tres o cuatro horas ahí. Si no puedes evitar ir a unas vacaciones costosas con un pequeño, compra un pase para varios días y prepárate para dejar el lugar temprano todos los días. Los niños de dos años no están hechos para cooperar, y permanecer pacíficos y callados cuando se rompe su horario de sueño, cuando se destrozan sus hábitos alimenticios con golosinas, palomitas de maíz y bebidas azucaradas; y cuando sus pequeñas mentes están sobre estimuladas con juegos, espectáculos, sonidos y música constante. De hecho, si llevas a tu niña de dos años a "It's a Small World" (Es un mundo pequeño), ¡bien podrías dar el día por terminado! Ella ya vio lo suficiente para un solo día con todo lo que ahí hay para ver y oír, ¡sin mencionar esa canción eterna, molesta y pegajosa!

169

En cada ocasión que he ido a Magic Kingdom, he visto mamás que se ven exhaustas y desdichadas, niños abrumados que lloran y papás desalentados que calculan en la mente que estas desventuradas vacaciones les están costando cerca de quinientos dólares diarios. Pon mucha atención: los niños tienen límites, hasta en las vacaciones, si los excedes, es bajo tu propio riesgo. Si tu hija está demasiado cansada, hará un escándalo, se quejará y llorará. No importa si está en Disneyland, en un restaurante elegante o en una fiesta de cumpleaños en un lugar especial para niños. Los pequeños que están cansados se desmoronan.

Si has logrado establecer un vínculo con tu hija, pronto conocerás la expresión en sus ojos que te indicará cuándo se ha terminado la cena. Antes de que haya un estallido o una masacre, quita a la niña de su silla alta y ahórrate el problema de intentar limpiar el piso, las paredes y el techo de la cocina.

LAS RUTINAS PARA DORMIR

Esta es una preocupación muy común. Cuando una mamá me pregunta al respecto, comienzo dándole alguna información básica de fondo.

Establece una rutina con la que puedas vivir por mucho
tiempo

La mayoría de los niños ya tienen una rutina; a ti te toca
darle forma y apegarte a ella. Cuando la mayoría de los padres
acuden a mí con problemas por la rutina de su hijo, es porque
ya está establecida y tienen que cambiarla, lo cual es un poco
más difícil de lograr, aunque aún es posible.

Si bien ahora estás tratando con tu primogénita, quiero
advertirte acerca de tu segundo hijo. Si este niño llega, no
esperes que tenga la misma rutina, pues no la tendrá. Cada
uno de nuestros cinco hijos ha sido muy diferente en su
horario para ir a la cama. Por ejemplo, la cuarta, necesitaba
tener su "weebie" (trapito o frazada) antes de irse a dormir. En
algún momento, Hannah terminó con un trozo cuadrado de
una vieja funda de almohada de Sande, y le encantaba cómo se
sentía en su mejilla. Era suave y brillante; y la necesitaba
siempre que se acostaba a dormir. Con el tiempo, Sande la
arregló un poco y la convirtió en una especie de manta, pero
aún la llamábamos "weebie". ¿Por qué la llamábamos así, te
preguntarás? ¡Porque así comenzó a llamarla Hannah cuando
tenía dos años! Tu familia inventará muchas palabras.
Considéralas como tu propio vocabulario familiar. Y desde
luego, algunas no se pueden compartir con otras personas,
mucho menos con los chicos con quienes posteriormente
saldrá tu hija.

La primogénita, Holly, tenía varias frazadas que le gustaba
escoger para dormir, así que parte de su rutina era escoger una.
Te recomiendo que busques algo que a tu niña le guste para
dormir y te mantengas constante en ello. Pero te alerto que
entre más tengan de dónde elegir, más retrasarán la hora de
dormir por reflexionar en su decisión. He escuchado de niños
que tardan cuarenta y cinco minutos en elegir al animal de
juguete o a la muñeca con la que dormirán esa noche. ¡No
caigas en eso! Dale a tu hija treinta segundos y después di: "Si
no escoges uno, mamá lo escogerá por ti". Advertencia: si dices
lo anterior, cúmplelo y no te retractes. Te ahorrarás muchas

aflicciones futuras cuando tu hija aprenda que hablas en serio a la hora de dormir.

Una vez que inicies tu rutina para ir a la cama: lavarle los dientes, leerle un cuento, escoger su muñeca o su mantita, besarla en la mejilla y decir una oración, que Dios se apiade de tu alma si omites un paso, en especial con un primogénito. Es por eso que mientras más sencilla sea tu rutina, será mejor para ti y para tu hija. Porque pudiera ser que la mayoría de los días tuvieras el tiempo para tardar una hora en acostar a la pequeña, pero conforme la vida se haga más compleja, esa rutina de sesenta minutos tendrá sus consecuencias. ¡Y si tratas de recortarla a cuarenta y cinco minutos, pasarás otra media hora tratando de explicar por qué no estás siguiendo la rutina normal!

¡Apégate a tu horario como si fuera pegamento!

¿Por qué es tan difícil acostar a algunos primogénitos en la noche? En principio, no tienen un hermano o hermana que también tenga que irse a dormir. Desde la perspectiva de la primera hija, ella es la única en toda la familia que tiene que irse temprano a la cama, y ¿cómo puede ser justo?

Segundo, tu hija está pensando: *Es muy divertido estar con mamá y papá. Me siento tan segura. Y si necesito algo, ¡todo lo que debo hacer es llorar o hacer un escándalo y llegan de inmediato!* Ahora, ¿por qué querría esa niña ir sola a una habitación oscura donde mamá y papá no escucharán ni siquiera su hipo, ni correrán a ella tras el menor sonido de angustia?

No fue sino hasta después de tener dos hijos que comprendí el poder de los hábitos. Nuestra verdadera primogénita, Holly, era muy buena para gruñir y señalar. ¡Qué tontos éramos entonces! La dejaba controlarme como si yo fuera una marioneta de noventa kilos. Nuestro vestíbulo no medía más de ocho metros de largo, pero Holly podía extender ese corto recorrido y hacerlo durar unos quince minutos.

¿Alguna vez has hecho un muñeco de nieve con la nieve húmeda? No hay nada mejor, ya que la nieve se puede levantar del césped con tanta facilidad que deja un rastro color verde tras ella, pues la nieve húmeda siempre se adhiere a más nieve. Así era Holly de camino a la cama: una bola de nieve que rodaba sobre nieve húmeda, todo se le adhería. Si caminábamos cerca de un oso, ella lo señalaba y hacía: "¡Ah, ah, ah!", hasta que yo me detenía para levantar el oso. Después quería una almohada, un juguete o una manta, cualquier cosa que pudiéramos levantar con tal de añadir otros diez segundos a la rutina. De camino a la cama todo llegaba a mis brazos. En un momento, la cuna de Holly parecía un depósito de chatarra repleto y ya no había lugar para ella. Y ¡cuidado! si intentabas quitar de su cama cualquier pequeñez para hacerle espacio.

La siguiente, es una pregunta sencilla que puede hacerte la vida mucho más fácil. Cuando la he usado con mamás agobiadas, puedo ver cómo la tensión se desvanece de su rostro cuando reconocen lo que les digo. Pregúntate lo siguiente: "¿En verdad quiero estar sometida a las exigencias de mi hija por el resto de mi vida?"

Si tu respuesta es "sí", ¡no hay nada que pueda hacer por ti! Prepárate para ser un desdichado tapete el resto de tu vida.

Por el contrario, si tu respuesta es "no", comienza el día de hoy ayudando a tu hija a establecer una rutina muy sencilla y concisa para la hora de dormir. Recuerda: tú eres la mamá, tú tienes el control. Si actúas con la mentalidad de que los hábitos siempre serán de ese modo, tu hija se disciplinará y los seguirá; en cambio, si cree que puede discutir o buscar la manera de salirse de la cama, o por lo menos de retrasar la hora de dormir durante sesenta minutos, nunca se detendrá.

El peligro se presenta cuando en verdad estás cansada (otra razón para reconsiderar seriamente si trabajas fuera por muchas horas mientras crías a tus hijos). Si por tu agotamiento cedes a una queja, para evitar una confrontación que sencillamente no tienes la fuerza de enfrentar, ¿qué te hace pensar que tu hija se comportará de manera diferente la siguiente noche? Los niños son maestros naturales del juego de la manipulación.

Por lo tanto, trabaja arduamente para desarrollar una rutina muy sencilla y apegarte a ella. Tu hija podría hacer un escándalo la primera o la segunda noche, pero si no cedes a sus lloriqueos, estás sentando las bases para años de noches más sencillas.

LOS BERRINCHES

Lo que voy a decir sonará tan poco convencional y tan en contra del pensamiento de esta época, que podrías sentirte tentada a descartarlo de inmediato, pero por favor, reflexiona: El solo hecho de que tu hija sea infeliz no es una razón suficientemente buena como para que reorganices tu vida con el propósito de que todo sea más sencillo para ella.

Si no lo crees, estarás dando pie a algunas serias luchas por el poder. Si crees que la felicidad de tu hija es lo más importante del mundo, te desmoronarás en cuanto dé pataletas, vocifere, grite y diga a todos lo infeliz que es.

Para que tu hija madure en las áreas emocional, relacional y social, debe darse cuenta de que ella no es el centro del universo. El mensaje que debes transmitirle es el siguiente: *Eres importante, amada, y apreciada, pero hay otras personas importantes en la vida además de ti.*

Si crías hijos o hijas egocéntricos, nunca tendrán un matrimonio feliz, siempre estarán peleando con sus compañeros de trabajo y se sentirán frustrados toda la vida. El mejor regalo que le puedes dar a tu futuro yerno o nuera, es una pareja que haya aprendido a considerar primero a los demás.

Lo que acabo de decir tiene mucho que ver con la manera en que respondes a los berrinches de tu pequeña niña. Lo primero y lo más importante es que sepas que un berrinche es una lucha seria por el poder, un intento de tu hija para retarte y decir, *¿qué tan lejos estás dispuesta a ir con tal de negarme lo que quiero?* Los lloriqueos (de los cuales hablamos anteriormente en este capítulo) son la primera etapa de esta lucha por el poder; los berrinches son un ultimátum.

Tu respuesta debe ser similar a lo que hiciste con los gimoteos.

ALÉJATE

Primero, evade la lucha de poder alejándote de ella. De ninguna manera debes permitir que tu hija piense que ese comportamiento recibirá cualquier atención o preocupación de tu parte. Debes remover por completo la motivación que tenga para comportarse de ese modo. Simplemente evádela, al alejarte mientras patalea y grita en el piso. No negocies: *"Si no dejas de patalear y gritar, te voy a llevar a tu habitación…"* Tu hija necesita aprender que no puede esperar debatir con su madre, quien es veinticinco años mayor que ella y mucho más sabia. La niña también debe darse cuenta de que ciertas formas de comunicación no serán toleradas, en especial los berrinches.

MANTÉN LA CALMA

Segundo, ten calma, di una sola vez lo que tengas que decir, junto con un firme *no*; y si tú no puedes dejar la escena, levanta a la niña y quítala a ella. Necesita aprender que tu no te dedicas a satisfacer absolutamente cualquier necesidad que ella pueda tener. En ocasiones, no podemos hacer lo que queremos porque los demás están ocupados con otras actividades. Ni siquiera una madre puede dejarlo todo, tan solo para satisfacer a su primogénita.

174

PIENSA EN EL FUTURO

Si la situación se pone tensa y tu voluntad comienza a debilitarse, sólo imagina el impacto que tiene en el futuro lo que una madre sabia puede ejercer ante un berrinche. Si tu primogénita se vuelve directora ejecutiva de una gran compañía, miles de empleados estarán agradecidos que confrontaste la mentalidad egoísta, obstinada y hostil que por lo general acompaña a los incontrolables primogénitos. Si tu hija se vuelve funcionaria del gobierno, habrá aprendido que las personas no son títeres para usar y luego desechar, sino que también tienen sus propias necesidades.

Aunque lo anterior suena trillado en esta era de "psicología populista", mi meta es darte armas, quiero que desarrolles el poder paternal. Debes asumir una posición de autoridad sobre tu hija. Como humanos, nos destruiríamos si nunca aprendiéramos a negarnos algunas de las cosas que deseamos.

Al enseñarle a tu hija que no todas sus necesidades podrán ser satisfechas, le harás un gran favor. Me encantan las donas, pero mi amiga, la nutrióloga Pam Smith, me dice que las donas son uno de los peores alimentos que puedo comer en el desayuno. He aprendido a negarme esas delicias culinarias y a limitar en gran medida mi consumo, aunque me gustan ¡y no me molestaría comerlas cinco días a la semana!

En mi libro *Making Children Mind without Losing Yours (Haga entender a sus hijos sin perder la cabeza)*, hablo acerca de un pequeño que hizo un berrinche tirado en el piso del centro comercial, ante los ojos de Dios y de 1,500 extraños. La madre estaba abochornada, avergonzada y apenada. Las personas la miraban boquiabiertas y yo casi podría jurar que su hijo sabía exactamente lo que estaba haciendo.

¿Qué debes hacer en una situación como esa? Da un paso por encima de él, ¡resiste la tentación de darle un pisotón! y aléjate.

Puedo imaginar a algunas de ustedes pensar: *Genial, doctor Leman, ¿y qué hago con las docenas de personas que están mirando?*

Fácil. Sólo sacude la cabeza y di en voz alta: "¡Cómo se comportan los hijos de algunas personas…!".

El niño se levantará moviendo los brazos todo el camino mientras corre tras de ti. No lo perderás.

La psicología que existe detrás de esta situación es algo que debes entender. Lo que tu hijo está diciendo, en esencia, es: *Escucha mamá, vas a hacer lo que yo quiera que hagas. Estoy consciente de hay personas mirando, así que las voy a usar como un arma para asegurarme de que sucumbas a mi demanda de azúcar. Quiero azúcar. Dame un helado, una paleta o una galleta porque si no recibo azúcar en este momento, te voy a avergonzar frente a todas estas personas. No me importa si tienes planeado en casa un almuerzo saludable que comeremos en media hora, quiero azúcar y la quiero ahora mismo.*

Aunque no lo creas, cuando tu hijo actúa de este modo te acaba de dar un gran regalo. Te está otorgando la oportunidad de mostrarle que cuando dices no, *es no*. Si quiere hacer el ridículo frente a extraños, no se lo impedirás. Puede pretender tener el control o al menos jugar a tener la vara alta, pero si te

175

mantienes firme, tranquila y serena, está perdido. Tu regalo es decirle y mostrarle que: "Como tu mamá, tengo autoridad sobre ti. Entiendo que quieres azúcar, pero yo sé lo que es mejor para ti. Vamos a comer un almuerzo saludable en casa".

No quiero asustarte, pero casi todos los padres han pasado al menos por un episodio público extremadamente vergonzoso con su hijo. No puedo prometerte que quienes lo presencien no te juzgarán ni te desdeñarán (sólo espera a que tengan sus propios hijos ¡y ya verán!). Pero si te conduces de una manera tranquila, firme y autoritaria, los sabios mirones te respetarán y hasta te apoyarán. Si en verdad quieres dar lástima, solo ríndete; y entonces todos verán lo débil que eres y de verdad te juzgarán, con algo de razón.

Esta es mi opinión. Nada menos que una autoridad como el apóstol Pablo dijo: "Hijos, obedeced en el Señor a vuestros padres".[6] Cuando tu hija se encuentra en la edad entre los dos y los tres años, tendrás que enfrentar al menos un par de estas batallas. Ella intentará probar tu autoridad, y no debes permitir que una niña tome el control de tu hogar. Una vez que le das las riendas a una primogénita, nunca las dejará; ella te dirigirá por el resto de tu vida.

No hace mucho iba a salir de viaje y me encontraba en el aeropuerto de Dallas-Forth Worth, sentado en el área de restaurantes, cuando una niña de tres años nos hizo saber a todos los que estábamos dentro de un radio de dos cuadras, que quería una Cajita Feliz de las que venden en McDonald's. Su mamá le dijo que no, y con el mayor descaro, la hija le dio una bofetada en el rostro.

La abuela, que estaba sentada con ellas, presenciaba la escena con horror. Claramente estaba apenada por el comportamiento de su nieta, ¡pero parecía que lo estaba todavía más por las acciones de su hija! Casi se podían escuchar las palabras que tanto quería decir: "¿Vas a aceptar lo que hizo?". La mamá no sólo lo aceptó, sino que, para empeorar la situación, ¡se levantó y le compró una Cajita Feliz a su hija! Luché contra todo impulso de mi ser que me forzaba a levantarme y explicarle a esta madre en qué la estaba metiendo su voluntad tan débil.

Una parte de mí nunca entenderá cómo los adultos pueden dejar a una personita de menos de un metro tomar el control. Los niños aprenden muy rápido, sienten el poder que les dan los lugares públicos, al saber que tienen muchos espectadores; sienten el miedo de sus padres, porque han adivinado instintivamente que ahí es donde son más vulnerables. Hasta una niña de tres años sabe cuándo puede hacer que su madre haga lo que desee.

Si tu hija está pasando por esta etapa, prepárate para salirte de la tienda. Sí, quizá tengas un carrito lleno de víveres, pero no importa mucho, dile al gerente: "Lo siento, pero tengo que tratar con un problema de disciplina", él entenderá. Quizá no hayas terminado de comprar la ropa que tenías que comprar o el regalo que debías escoger, pero es tanto lo que se pone en juego en una situación así que todo lo demás puede esperar.

No te rindas. Si le concedes el poder a tu hija de esta manera, tendrás en las manos verdaderas batallas. Será mejor que hagas entender a la niña lo más pronto posible que nunca le cederás tu autoridad a alguien que todavía se orina en los pantalones.

Si ya no están en la tienda y la pequeña sigue pataleando y gritando, pon en el estéreo algo de música suave, coloca los altavoces hacia el frente, sube el volumen y no le prestes atención a tu hija. Para empezar, en una situación así quizás estés avergonzada, enojada y cansada, lo cual no constituye el mejor estado mental para administrar la disciplina; y en segundo lugar, tu hija no escuchará lo que tengas que decirle pues todavía está luchando, y debes enseñarle que no discutirás ni gritarás más fuerte que ella, además de que ella nunca conseguirá la atención y el poder que ansía al comportarse de ese modo.

Si tu pequeña se duerme antes de que lleguen a casa, da gracias a Dios por los pequeños favores y recuéstala para que tome una siesta. No te preocupes por cambiarle el pañal, darle de comer ni nada así. No la revivas, sólo déjala dormir. Ya llevaste a cabo tu principal acto de disciplina: Tu hija hizo un berrinche, ¿y qué consiguió con ello? Nada.

Si llega a despertar, o cuando finalmente se tranquilice, dile aun con toda autoridad: "Cariño, lo que hiciste en el supermercado no está bien. A mamá no le gusta; debes hacer lo que mamá te diga sin quejarte". Mientras hablas, dale "la mirada" de desaprobación. Tu hija necesita verte firme. "Cuando mamá dice no, es no. Esa clase de comportamiento nunca me hará cambiar de parecer."

Este **no** es el momento de entrar en una larga conversación acerca de que Dios no quiere que actúe de ese modo o que Jesús la está mirando, ni nada así. Que tu mensaje sea sencillo: Nunca conseguirás lo que buscas con esa conducta, *jamás*.

Cuando te niegas a rendirte, cuando resistes todos los intentos de negociar o discutir, tu hija se da cuenta de dos cosas muy saludables: Primero, entiende que mamá tiene mente y voluntad propias; no puede ser manipulada ni controlada. Segundo, aprende que ningún miembro de la familia es más importante que otro. Los primogénitos en especial presentan una mayor dificultad para aprender esta lección, pero es de extrema importancia que lo hagan.

EL JUEGO ESTÁ ARREGLADO

Los berrinches y conductas similares son un tema tan intenso que no es de extrañarse que los padres se sientan un poco abrumados. Pero relájate, el único poder que tiene tu hija de tres años es el poder que tú *elijas* darle. Piénsalo: eres más fuerte, más inteligente, tienes más experiencia, puedes leer libros para incrementar tu sabiduría y tienes la habilidad de recibir asesoría de otras personas. Tu hija no tiene nada de eso, lo único que posee es el poder de avergonzarte o hacerte sufrir, y ya que tú tienes la habilidad de alejarte, puedes quitarle su arma más poderosa.

En otras palabras, este juego está arreglado, siempre puedes ganar. No debes temerle a tu hija, ni siquiera necesitas batallar con ella, ¡puedes evadirla todo el tiempo! No negocies, no discutas, sólo sé la madre adulta que ya eres.

Tienes el poder, úsalo.

11

La sexualidad

Al leer este título, quizá estás pensando: "Doctor Leman, estamos hablando de bebés y niños de tres años, ¿y usted quiere hablar de sexo? ¿Habla en serio?"

No podría hablar más en serio. Aunque no lo creas, el sexo es una realidad aun para los infantes; desde luego, no como es para los adultos. Pero los humanos aprendemos a muy temprana edad que es más placentero tocar algunas partes de nuestro cuerpo que otras. El despertar sexual es algo que ocurre como un proceso, y comienza cuando aún estamos en pañales.

Los padres primerizos que pretendan que lo que digo no es verdad, serán sorprendidos con la guardia baja cuando noten la fascinación temprana que siente su hijo o hija con sus genitales. Trabajé con una madre que una tarde quedó petrificada porque encontró a su hija de cuatro años moviendo la pelvis hacia delante y hacia atrás sobre una almohada, mientras veía la televisión en la sala. "¿Mi hija tiene algún problema?", me preguntó.

En este capítulo voy a tratar de apaciguar algunos temores. William Friedrich, de la clínica Mayo, estudió a mil niños; y encontró que a casi todos los menores de cinco años se les había observado tocando sus propios genitales. El hecho de que esta niña estuviera realizando la acción inconsciente de estimular sus genitales me muestra que, para ella, esa acción no era nada diferente a rascarse donde le diera comezón; quizá se dio cuenta por accidente que la presión en esa parte de su cuerpo generaba sensaciones placenteras. Ella no sabía que no era correcto hacerlo en medio de la sala, lo único que sabía es que se sentía bien.

Le dije a su mamá que no debía responder con excesivo sobresalto o vergüenza, sino que lo más adecuado sería llevar a su hija a un lugar privado, hablar de lo que acababa de pasar y explicarle que es mejor hacer ciertas cosas en privado.

Otra madre se sobresaltó cuando trataba de sacar a su hija del asiento para niños del coche, el cual tenía una pieza de plástico entre las piernas de la niña. La mujer notó que su hija se estaba frotando contra el asiento por lo cual quiso sacarla de inmediato. La niña protestó: "Espera mami, no he terminado".[7]

Lo que ocurre es que al ver una situación como esta, los mayores transfieren emociones, culpa, motivación y sentimientos adultos a sus hijos. En las familias saludables, donde no se ha dado el abuso, la familia y el hogar son los sitios más naturales para que los niños aprendan de sus cuerpos y de las sensaciones sexuales, así como para experimentar en un ambiente que no produzca culpa o vergüenza, sino que enseñe moralidad, responsabilidad y una discreción apropiada.

Si tu hijo ha sufrido abuso sexual de cualquier tipo, incluyendo contacto físico o ha sido expuesto a imágenes sexuales no aptas para su edad, te aconsejo que busques la ayuda de un psicólogo profesional que comparta tu fe. Tales experiencias a corta edad pueden tener un impacto de por vida en un niño y es necesario tratar con ellas de inmediato, por el bien del niño y de la familia. (Para más información al respecto ve la parte de este capítulo que trata del abuso sexual.)

Ignorar el desarrollo de la sexualidad de tu hijo o hija no hará que desaparezca. De hecho, tener con tus hijos conversaciones saludables y adecuadas a su edad satisfará su curiosidad de tal manera, que tendrán menos posibilidades de entrar en juegos dependientes de un igual ("te muestro el mío si me muestras el tuyo") y más probabilidades de que acudan a ti con sus preguntas futuras.

NO ES UNA "COSA"

En principio, en cuanto tu hijo comience a nombrar las

partes de su cuerpo, usa los nombres correctos para los genitales. Cuando tu primogénito tome un baño, deberías decirle algo así: "Timmy, ese es tu codo, ¿puedes decir 'codo'? Esa es tu rodilla, ¿puedes decir 'rodilla'? Y ese es tu pene, ¿puedes decir 'pene'?

Tu hijo no es tan tonto como podrías pensar. Si das nombre a todas las partes del cuerpo excepto a una, va a entender de manera natural que esta parte del cuerpo tiene algo de... digamos..., *diferente*. Y si le dices a Samantha cuáles son los nombres correctos de todos los órganos, excepto de los "privados", será natural que piense: *¿Por qué esto no tiene un nombre "normal"? ¡Debe tener algo de malo o sucio o innombrable!* Este tipo de paternidad se asemeja a un avestruz que entierra la cabeza en la arena, y es responsable de la culpa y la vergüenza inapropiadas.

Si tu hija crece hablándote de estos temas, te será mucho más fácil hablar de ellos en años posteriores, pues no crecerá creyendo que existen ciertos temas "fuera de los límites", ni atribuirá de inmediato la vergüenza a su cuerpo. Estará acostumbrada a hablar de todo contigo, ¿no suena bien?

La comunicación temprana y la información precisa también son herramientas efectivas para ayudar a proteger a tu hijo en contra de la explotación. Cuando usas los nombres correctos y hablas de las partes del cuerpo, puedes explicar en forma natural que esas partes en especial no son para mostrarse en público. "Michael, está bien estar desnudo en la bañera o cuando te estás cambiando de ropa en tu habitación, pero cuando salgas, tienes que asegurarte de cubrirte el pene y el trasero, esas partes son privadas."

Las niñas notarán y preguntarán comprensiblemente por qué papá puede ir a la playa sin camiseta pero mamá no. Una explicación simple como esta aclarará cualquier confusión y mantendrá abiertas las líneas de comunicación: "Cariño, a las mujeres les crecen senos. No, tú todavía no los tienes, pero ¿ves donde están tus pezones? Algún día tendrás senos tal como mamá, y cuando eso ocurra tendrás que mantenerlos tapados. Los senos son algo que no debemos mostrar en público".

¿Te fijas cómo lo estoy diciendo? Sin avergonzarme, hablo de los hechos, doy información precisa, sin los matices emocionales que nuestra cultura tiende a adjudicar a los temas sexuales. Y cuando tengo esa actitud, ya tengo un contexto en el cual decir: "Nadie, excepto el doctor, cuando yo esté presente, puede tocarte ahí Molly. Está bien si papá o mamá están ayudándote a limpiarte, pero no debes permitir que otro adulto o amigo juegue con esas partes de tu cuerpo, son privadas ¿de acuerdo?".

EL FIN DE LA INOCENCIA

Cuando traes un bebé a casa, nada es privado. Le cambias el pañal de siete a diez veces al día, y tu hijo está frente a ti en toda su gloria con las piernas abiertas; cuando tiene hambre, te desabrochas la blusa y lo amamantas. Eso es parte de la vida, además de ser natural y saludable.

También se acaba la privacidad porque una de las maneras más fáciles de hacer que los niños tomen un baño es cuando uno de los padres entra al agua junto con ellos. Cuando yo era un padre joven, recuerdo que me bañaba con mis dos hijas. Se sentaban detrás de mí y yo fingía que las iba a aplastar, lo cual, desde luego, las hacía gritar. Después pretendía que se me olvidaba dónde estaban, a sabiendas de que era cuestión de tiempo que me derramaran agua fría en la cabeza.

Sin embargo, llega un tiempo en el que actividades como esas ya no son apropiadas. Si tienes dudas de cuándo llega este tiempo, toma el enfoque del pudor. Por lo general, uno u otro miembro del matrimonio tiene una apreciación diferente de los niveles de pudor, y, en general, lo mejor será seguir lo que piense el esposo más conservador. Cuando los niños tienen tres o cuatro años, no saben ni notan mucho, pero cuando llegan a los cinco años de edad, es en verdad el momento de aumentar el pudor.

Cuando una mamá comienza a preguntarme al respecto, me gusta decirle que su pregunta es la respuesta. El simple hecho de que se sienta incómoda al estar desnuda frente a su hijo o hija me dice que ha llegado el momento de cubrirse. Si te sientes incómoda al desvestirte frente a tu hija, no lo hagas. Establece

182

algunos límites en tu casa, enseña a tus hijos que no deben entrar a tu habitación sin tocar, y después sé un modelo, al hacer lo mismo cuando quieras entrar al baño o a la habitación de ellos.

Pero, por favor, no cometas el error que cometen tantos padres en esta etapa. Se desvisten frente a sus hijos, dejan a sus hijos caminar desnudos y, de pronto, llegan a una fecha arbitraria en la que ya no está permitido hacerlo; y después se hacen los desentendidos. Tómate el tiempo de entrenar a tu hija, enséñale con delicadeza y trabaja gradualmente para alcanzar un pudor adecuado. Las represiones instantáneas no son un entrenamiento; tu hija debe ir de la exposición total a la privacidad apropiada, ya que, de manera intuitiva, siente que es un "retroceso", porque ya no puede acercarse a ti de la misma manera que antes, y podría sentirse molesta por ello, en especial si ve al segundo hijo o hija bañarse contigo o ser amamantado en la noche.

LOS JUEGOS SEXUALES NORMALES

Los niños no sólo tendrán curiosidad con sus cuerpos, también querrán conocer los cuerpos de sus amigos. Y la solución no es mantener a los hijos en la ignorancia, sino encontrar la forma de discutir la anatomía básica.

Si descubres a tu hija en una situación donde esté viendo los genitales de otro niño o quizá hasta tocándolos, no reacciones exageradamente. Con todo y lo atemorizador que puede ser esto para los adultos, es una actividad bastante normal. Sin embargo, no significa que debas permitirla. Con calma aparta a tu hija, explícale lo que es apropiado y lo que no; y usa ese momento como una oportunidad para enseñar, en vez de gritar o reaccionar con exageración.

"Jessica, el cuerpo es una creación de Dios, y Dios nos dice que no debemos dejar que nadie toque las partes privadas de nuestro cuerpo de ese modo, a menos que estemos casados con esa persona."

El juego sexual basado en la curiosidad no es un indicador temprano de una perversión sexual ni de ninguna orientación sexual en particular, sencillamente algunos niños tienen más curiosidad que otros. Ten mucho cuidado de no dar a las acciones de un niño de dos años los tintes motivacionales de un adulto.

Si dicha actividad no se hizo por consentimiento mutuo, se vuelve un poco más serio. Debes tener una conversación franca con los padres del otro niño o niña. Si la tuya fue quien forzó la situación, tendrás que establecer reglas claras para el comportamiento adecuado. Si el comportamiento poco apropiado continúa, debes buscar asesoría.

¿Cómo puedes averiguar quién forzó y quién "aceptó"? ¡Pues pregunta! A esta edad, los niños tienden a ser bastante abiertos y honestos, siempre y cuando la madre o el padre no parezca estar en pánico o asustado. Si mantienes la compostura el tiempo suficiente como para preguntar qué pasó, lo más probable es que los niños te den un relato bastante preciso de lo que sucedió.

Cuando llegue el bebé número dos, puedes usar el cambio de pañales como una oportunidad para tener una de estas charlas. Ayudar con el cambio de pañales responderá parte de la curiosidad natural de tu primogénita. También podrías considerar usar libros para niños con dibujos, que hablen del tema. A mi esposa Sande le encanta el libro *Mommy Laid an Egg (Mamá puso un huevo)*, de Babette Cole.

SIN COMPLICACIONES

Los niños pequeños todavía se mantienen en la fantasía la mitad del tiempo. Mientras los entrenas para respetar su cuerpo y el de los demás, recuerda que pueden formar toda clase de interpretaciones en sus mentes. Es por ello que mi sugerencia es dar información muy acertada y adecuada a su edad.

En una ocasión me encontraba en la casa de un amigo que tenía un hijo pequeño en la etapa fantasiosa. Sus padres le habían hablado de la importancia de poner cerrojo a la puerta del baño y de respetar la privacidad; pero, aparentemente, la charla no fue lo suficientemente explícita en cuanto a por qué se debía cerrar la puerta.

A mitad de la tarde, me levanté para ir al baño; desafortunadamente, la casa sólo tenía uno, y la puerta estaba cerrada. Esperé alrededor de cinco minutos y volví a verificar la puerta. Todavía estaba cerrada y parecía haber mucho silencio en el interior. Regresé a la sala y comencé a contar las cabezas. Todos estaban presentes.

Para ese momento, mi necesidad era más que trivial, se estaba volviendo vital. Alguien cerró la puerta del baño y yo necesitaba entrar.

Como soy psicólogo, observé el rostro del niño pequeño y vi la respuesta escrita en él.

—¿Andy, estabas en el baño? –le pregunté.

—No –respondió.

—¿Le pusiste cerrojo a la puerta? –pregunté.

—Sí –confesó.

—¿Por qué cerraste la puerta? ¿Hay alguien ahí?

—Sí.

—Quién.

—El lobo grande y malo, mamá dijo que la tenía que mantener cerrada.

Una vez que conseguimos abrir la puerta y después de que pude usar el baño, le conté de nuestra conversación a la mamá de Andy, a quien le pareció graciosísima. Esta anécdota es una muestra de la necesidad de entender que este mundo es un lugar grande y confuso para los niños pequeños. Ellos toman un cuento que acaban de escuchar o el fragmento de una conversación y unen toda clase de ideas.

Por ello, en especial en esta área, el aprendizaje debe verse como un proceso suave. No me gusta la noción de "la charla", ya que una sola charla nunca es suficiente. La sexualidad es un asunto demasiado grande como para intentar resumirlo en una sola conversación. Idealmente, deberías tener un diálogo continuo con tu hija durante toda su vida, el cual se volverá cada vez más explícito conforme crezca.

Lo ideal es comenzar pronto y de manera adecuada. Si eres un modelo de buen comportamiento, te irá bien en el proceso de criar una hija saludable que crezca con el conocimiento sexual necesario.

CUANDO SURGE EL ABUSO

Por mucho que a cualquiera de nosotros le desagrade hablar del abuso, es una parte triste y horrible de un mundo pecador. Todos los días se abusa física, emocional, verbal y sexualmente de los niños en todo el país. Ya que este capítulo trata de la sexualidad, solo hablaremos del abuso sexual.

El abuso sexual es cuando alguien, que no tiene ningún motivo para hacerlo, toca cualquiera de las partes que cubre un traje de baño. También incluye mostrar imágenes o entrar en conversaciones que no son apropiadas para la edad del niño. No está bien que alguien que no sea su padre o su madre, trate temas sexuales con un niño.

Los padres deben hacer una distinción entre las diferentes maneras de tocar, para no causar confusiones al niño: "Cariño, está bien si mamá o papá te tocan cuando te bañan o te limpian, y también cuando el doctor te está haciendo un examen físico y mamá está presente. En esas circunstancias, es necesario tocarte".

"Pero nadie, ni un tío, ni tu hermano, ningún amigo de la familia, ni siquiera un profesor, puede tocarte en las áreas que te cubre el traje de baño. Si intentan hacerlo, quiero que se lo digas a mamá de inmediato. Si te amenazan para que no me lo digas, no te preocupes, tú dímelo y yo me aseguraré que no te pase nada."

En lo personal, creo que una charla como la anterior es menos importante que proteger a tu hijo. Me doy cuenta de que es controversial lo que voy a decir, pero escúchame: Creo que *nunca* debes dejar a tu hijo o hija en una situación donde exista siquiera la más remota posibilidad de que ocurra un abuso. Algunos padres permiten con imprudencia que sus hijos estén en lugares que no han verificado a fondo.

No dejes a tus hijos con ninguna niñera en quien no confíes al máximo. Yo no dejaría a los míos ni siquiera en una iglesia que no me convenciera del todo o que yo no hubiera examinado bien: que sea un área abierta, sin ningún rincón escondido y con un cuidador digno de confianza. Sencillamente no lo haría. Y si sospechara de algún pariente, no permitiría que estuviera en la misma habitación con mi hija, y mucho menos que se quedara solo con ella.

Si cumplo con mi responsabilidad, las posibilidades de que uno de mis hijos sufra abuso sexual disminuyen muchísimo. Cuando permitimos que nuestros hijos vaguen libres o cuando los colocamos en situaciones donde no se les supervisa adecuadamente, es cuando surgen los problemas. ¡Dame una buena razón para dejar a tu hija de tres o cuatro años sola en cualquier lugar sin la supervisión de los padres! ¡No puedo pensar en ninguna!

He oído de algunos padres que organizan pijamadas para niños de cinco años. Jamás encontrarás a un Leman en una de ellas. Como consejero, he escuchado muchas historias. ¿Te das cuenta de lo que le brindas a un pedófilo casado (y muchos pedófilos *están* casados) cuando llenas una casa con niñas de cinco años? ¿No has escuchado de las video-cámaras? Sin mencionar los actos físicos, que son todavía peores.

Si a pesar de tus mejores esfuerzos se da el abuso, tienes que acudir a un profesional que haya trabajado con niños en esta rama. Desearía poder darte cinco pasos sencillos para evitarlo, pero el que lo hiciera rayaría en la negligencia; y de todas maneras, el contexto de este libro no es el apropiado. Una discusión profunda de este tema necesitaría al menos un capítulo, si no es que un libro entero.

Así que, en resumen, este es mi consejo: Ten una pequeña charla con tu hija, pero avócate más al cuidado preventivo. Nunca coloques a ninguno de tus hijos en una situación donde exista la menor posibilidad de abuso sexual.

187
••••

TU META

¿Cuándo fue la primera vez que escuchaste de la sexualidad? Si eres como el noventa por ciento de nosotros, aprendiste del sexo en una situación rodeada de culpa. Tal vez abusaron de ti, leíste una revista "sucia" que pasaban los amigos de la escuela, o quizá tenías ideas que sencillamente eran tontas y de las cuales te ríes en la actualidad.

El porcentaje de niños que reciben de sus padres información saludable, precisa y adecuada a su edad respecto a la sexualidad, es extraordinariamente bajo. ¿Por qué no decidir desde este momento darle un regalo como ese a tu hijo o hija? ¿Por qué no dejar que tus hijos se beneficien de conocer la sexualidad en un ambiente saludable, seguro y libre de culpa?

Muchos se han sorprendido cuando les enseño que el padre del sexo opuesto debe ser el educador sexual principal. Mamá: Si tienes un hijo, deberías ser su principal educadora en este tema. Papá: Si tienes una hija, es tu trabajo enseñar adecuadamente acerca de los hechos de la vida. Hay excepciones. Por ejemplo, cuando se trata de la higiene relativa al primer periodo de una jovencita, pues creo que es natural que solo la madre tome la iniciativa. Pero cuando se trata de ayudar a un niño a entender los misterios de la sexualidad, ¿quién es mejor que un padre para explicarle a su hija lo que en verdad busca un joven en una cita? ¿Quién es mejor que mamá para decirle a un joven que las chicas no creen que es genial que se burlen de ellas?

188

Cuando el padre del mismo sexo enseña, lo que ocurre es que se transmite todo tipo de información inexacta. Como psicólogo, no podría decirte cuántas veces he tenido que tragarme una carcajada cuando una mujer me describe la "charla" que le dio su madre antes de su boda.

Tu meta es crear un niño moralmente casto, pero educado e informado, que reconozca el sexo como un regalo maravilloso de Dios que solo es apropiado dentro de una relación de matrimonio. Imagina el gozo que puede haber en tu corazón al pensar en el día en que se casen tus hijos. Sabes que se han mantenido puros para su noche de bodas y también sabes que han aprendido del sexo en un ambiente libre de culpa, tomándolo como el regalo dado por Dios que es. Este es uno de los tesoros más raros y preciados que se pueden dar a los hijos. Y tómalo de un terapeuta: un comienzo tan bueno ayudará a que tu hija evite muchas de las frustraciones sexuales más comunes dentro del matrimonio.

Este tipo de entrenamiento requerirá tiempo y energía. Y tendrás que trabajar para superar parte de tu vergüenza, en especial si creciste en un hogar donde el sexo o las partes privadas del cuerpo no se discutían abiertamente. Sin embargo, si tomas el reto, algún día tus hijos te lo agradecerán.

12

Cuando "esa cosa" llega al hogar (o Armagedón en la Calle del Infierno)

En este capítulo, hagamos un pequeño juego. Tienes que suponer que tu esposo llega a casa esta noche y te dice: "Querida, sabes que te amo sin medida. Te amo, lo más que una persona pueda amar a alguien. Es más, te amo tanto, que me gustaría tener dos esposas. ¿No sería maravilloso?".

"Tal vez piensas que estoy diciendo locuras, pero medítalo. Hay una mujer donde trabajo, tan dulce y atenta que todos la quieren; así que sé que tú también la vas a querer. ¡Y su apariencia! ¡Vaya que es atractiva! Tiene los hoyuelos más lindos que he visto. ¿Y recuerdas que siempre dijiste que admirabas a las pelirrojas? Te va a encantar su cabello rojo."

"Las dos pueden dividirse el trabajo de la casa..., salir juntas de compras..., y cuando yo esté fuera de la ciudad, quizá hasta se puedan ir al cine. ¿No suena muy divertido?"

Tu boca está abierta a más no poder. Y después, tu esposo te pregunta: "¿Qué te parece, cariño?".

Si eres como la mayoría de las mujeres, en cuanto tu esposo comenzara a hablar de este modo, pensarías: *¿Dónde guarda su rifle?*

Bueno, pues ahora colócate en el lugar de una primogénita de dos años y medio. Por espacio de casi tres años, esta pequeña princesa ha gobernado como una reina. Ha tenido toda tu atención y no ha tenido que compartirte con nadie. Además, puede jugar con cualquier juguete cuando lo desee, sin tener que preocuparse de que alguien se entrometa; por lo tanto, le gusta bastante la situación actual.

Pero un día, llegas a casa y le dices: "Querida, te amamos tanto que hemos decidido tener otro hijo, ¿no te parece que será muy divertido? ¡Tendrás un hermanito o una hermanita con quien jugar!".

En su pequeña mente, ella piensa que la persona que le brindaba más cuidados le acaba de decir que no es lo suficientemente buena. Yo sé que eso no fue lo que tú le dijiste en realidad, pero tu hija lo interpretará de esta manera: ¿Por qué necesitan otro hijo? ¡Ya me tienen a mí! ¿No soy lo suficientemente buena?

190

No comiences a pensar en lo tonto que suena, recuerda la historia que acabamos de imaginar. Si tu esposo quisiera traer otra esposa a casa, ¿no pensarías que es una manera indirecta de decirte que no eres lo suficientemente buena para él?

Los primogénitos nunca superan la llegada de un hermano. En una ocasión, cuando Holly ya tenía alrededor de veinte años, Sande y yo la llevamos a comer, y después fuimos juntos a ver una película. Durante toda la tarde estuvimos sólo Sande, Holly y yo. Lo pasamos sumamente bien; y al final, en la noche, Holly nos miró y nos dijo: "¿Saben?, siempre debió haber sido de este modo".

LA PERSPECTIVA DE TU HIJO

El primer paso que debes tomar cuando vayas a darle a tu hija la noticia sobre la próxima llegada de un nuevo hermano, y cuando lo traigas a casa del hospital, es tratar de ver la situación desde la perspectiva de tu primogénita. Ella todavía no mide ni un metro, y está a punto de enfrentar una situación difícil y confusa; la cual, de no ser manejada adecuadamente, podría desatar una lucha que haría parecer tierna la historia de Caín y Abel.

En este momento ponte a recordar, cómo ha sido la vida para

tu primogénita hasta ahora, y verás por qué le di a este capítulo el título de "Cuando 'esa cosa' llega al hogar". Si tu primera hija pudiera entrar a la internet, podría sentirse tentada a comprar uno de esos tapetes de novedad que vi en una ocasión, los que en vez de anunciar: "Bienvenido", dicen: "¡Lárgate!". En la mente de tu hijo, el césped de su hogar está a punto de ser invadido por un extraterrestre.

Con todo, si usamos la cabeza como padres, podemos enseñarle a esta niña cómo asimilar al "pequeño inmigrante" sin demasiada tensión. Las siguientes son algunas sugerencias para hacer más sencilla la transición.

LA DIFERENCIA DE EDADES

Para empezar, piensa con cuidado la diferencia de edades que quieres que haya entre tus hijos. Lo sé, lo sé, la reproducción no es una ciencia exacta, no siempre se puede establecer cuándo y con qué frecuencia tendrás hijos; sin embargo, conforme piensas en añadir un nuevo miembro a tu familia, ten en mente que los niños con más de dos años de diferencia tienden a competir más entre sí. Y haz lo que esté a tu alcance para lograr el espacio de tiempo adecuado entre los dos. Lo malo de tener dos hijos tan seguidos, es que una mamá que tiene dos hijos menores de tres años, se sentirá completamente agotada seis días a la semana. Es alguien que trata de sobrevivir durante el día, para después dejarse caer exhausta en la cama por las noches (para escuchar a su servicial esposo decir: "¿Te sientes tan traviesa como yo?"). Cuando el segundo hijo llega apenas dieciocho o veinticuatro meses después del primero, todo se duplica. La mamá apenas está recuperando el aliento, cuando *¡BUM!* Si no lo va a adoptar, sino que va a dar a luz al segundo hijo o hija, su cuerpo está exhausto una vez más, al estar, literalmente, "cocinando" a un ser humano completamente nuevo; y ¡ahora, no tan sólo está encinta, sino que además tiene una hija menor de tres años! Si lo va a adoptar, su tiempo, energía y emociones se encuentran vertidas una vez más en los trámites, el estrés de actualizar el estudio de adopción para su casa y la toma de huellas digitales por parte del FBI a la hora de la cena.

Por nombrar algunos de los puntos que ahora incluye su lista de pendientes.

Las anteriores son algunas de las razones por las cuales francamente este libro está escrito para mamás primerizas. Para el momento en que llega el segundo hijo, lo más probable es que no tengas tiempo de leer ningún libro como este. Los únicos libros que tocarás podrían ser los que levantes para lanzarle al perro, que ya te está volviendo loca, ¡o a cualquier otro ser que te exaspere con demasiada frecuencia!

Desde mi punto de vista, la diferencia de edades ideal es de tres a cuatro años. Algunas de ustedes podrían sentirse tentadas a preguntar: "¿Cuál es la gran diferencia entre dos y tres años?". Bien, haz cuentas: la diferencia entre dos y tres años entre hermanos ¡representa cincuenta por ciento de la vida del hijo mayor!

Con un espacio de tres o cuatro años es más fácil convencer a tu primogénita de la llegada del segundo hijo. Ahora es mayor y más capaz de aceptar títulos como el de "hermana mayor" en vez de "rival en jefe".

CÓMO DAR LA NOTICIA

Distintas personas piensan de manera diferente respecto a cuál es el tiempo adecuado para informar al primogénito de la inminente llegada del segundo hijo. A algunos les gusta esperar lo más posible, o al menos los primeros tres meses; por si ocurriera un aborto espontáneo, un cambio en los trámites de la adopción o alguna otra dificultad difícil de explicar. Pero, si estás encinta, es difícil mantener tu estado en secreto ante un pequeño curioso que te sigue todo el día. Es posible que un niño así te escuche hablar por teléfono con tu mamá, con una amiga o durante una conversación en la sala con tu esposo.

El momento en que informes a tu hija es una cuestión de preferencia personal; sin embargo, creo que es sabio que se lo digas tan pronto como se te comience a notar. Una mujer notoriamente encinta atrae un sinnúmero de comentarios a donde sea que vaya: "¡Oh, estás embarazada! ¿Para cuándo es?"

Un extraño, por querer ser amigable, hasta podría intentar

incluir a tu hija en la conversación: "¡Mira, vas a tener un hermanito o hermanita! ¿No te emociona?".

No creo que te gustaría que tu hija se enterara de esa manera
de un cambio tan importante; así que, sea cual sea la fecha que
elijas, asegúrate que sea antes de que comiences a dar señales de
estar embarazada. Si vas a adoptar, no esperes hasta el día anterior a que recibas al niño o niña para compartir esa dicha con tu
hijo. Hazla parte del proceso, aun con todos sus altibajos.

Si estás encinta, puedes tener una conversación similar a esta
cuando un niño es un poco mayor. Podrías comenzar leyéndole
un libro acerca de cómo nacen los bebés, y luego decir:

—Querida, ¿has visto que tu amiga Laura tiene un hermanito?

—Sí.

—Pues ¿adivina qué?

—¿Qué?

—No, quiero que adivines. Algo maravilloso va a pasar en
nuestra familia.

—¿Vamos a ir a Disneyland?

—No, no vamos a ir a Disneyland.

—¿Me van a comprar un regalo?

—No, no te vamos a comprar un regalo.

—¿Entonces?

—¿Te doy una pista?

—Sí.

—Siente el estómago de mamá (coloca la mano de tu primogénita en tu abdomen). ¿Sientes que el estómago de mamá se ha
hecho más grande?

—Se siente más duro.

—Así es, ¿sabes por qué se siente más grande y más duro?

—No.

—¿Crees que sea porque a mamá le esté creciendo una cala-
baza?

—No (la niña ríe).

—¿Crees que a mamá le está creciendo una sandía?

—Nooooo.

—¿Qué crees que está creciendo en el estómago de mamá y

193

se hace más grande cada día?

—Un bebé.

—Así es, ¡un bebé! Mamá va a tener un bebé, y eso significa que vas a tener un hermanito o una hermanita.

Si vas a adoptar, la conversación podría ser del siguiente modo:

—Cariño, ¿has visto que tu amiga Katie tiene una hermanita?

—Sí.

—Pues, ¿adivina qué?

—¿Qué?

—¿Recuerdas que fuimos por ti hasta China porque te amamos y queríamos que fueras parte de nuestra familia?

—Sí.

194

—¿Y recuerdas todas las fotos que hemos visto de otros bebés de China?

—¿Los bebés que no tienen mamás ni papás?

—Sí, esos bebés tan especiales. Entonces, ¿adivina qué?

—¿Qué, mami?

—¡Todos vamos a ir a China otra vez! Y vamos a regresar a casa con una beba que va a ser tu hermana. Ella va a estar tan pequeñita como tú estabas, y podrás cargarla. Todos la amamos; así como te amamos a ti y quisimos que fueras parte de nuestra familia. De hecho, ¡dentro de muy poco vamos a recibir una foto de ella, igual a la que recibimos de ti!

—¿Y me van a seguir queriendo, mami?

—Cariño, siempre te amaremos, igual que antes, eres nuestra niña preciosa.

En lo que quiero que pongas atención es en describir una parte natural de la vida sin entrar en el error de la comparación, del que hablamos anteriormente, cuando usamos el ejemplo de un esposo que le decía a su pareja que traería a otra esposa a casa. En segundo lugar, necesitas mantenerte muy tranquila. Los niños son muy intuitivos, pueden leer tus emociones, y en especial la tensión tan pronto como muestres el menor grado de nerviosismo. Si te sientes nerviosa, tu primogénita pensará que también debe sentirse nerviosa: *Quizá este asunto es más compli-*

cado de lo que dice mamá, podría pensar ella.

Por eso, haz que sea divertido. Y no te sorprendas si escuchas que tu primera hija dice cosas como:

- "¿Podemos devolver al bebé si no nos gusta?"
- "¿Si es niña podemos cambiarla por un niño?"

UNA VEZ QUE HAS DADO LA NOTICIA

Una vez que has dado la noticia, lleva a tu hija contigo a una de tus citas con el doctor, déjala escuchar los latidos del corazón del bebé, explícale por qué te miden y te pesan y usa esta experiencia como una excelente oportunidad natural de hablar sobre el milagro del nacimiento. Si vas a adoptar, lleva a tu primogénita (si es posible y las reglas lo permiten) a alguna de las reuniones con la agencia o con la madre biológica. Trabaja en los trámites cuando tu hija esté presente. Si ella también fue adoptada, es un buen momento para decirle: "Porque te amamos, también hicimos todo esto por ti. Ahora lo estamos haciendo por tu hermana".

195
••••

Cuatro o cinco meses son tiempo suficiente para que una niña se ajuste, si quieres esperar ese tiempo. No necesitas apresurar la conversación, por el bien de tu hija. Recuerda, los nueve meses que tarda en nacer un bebé representan veinticinco por ciento de la vida de un niño de tres años, y en algunas adopciones el porcentaje es aún mayor.

CUANDO "LA COSA" ESTÁ EN CASA

Bueno, regresemos a nuestra historia. Digamos que, a pesar de tus protestas, tu esposo trajo a la pelirroja a casa. Imagina lo que te diría de ella mientras la mima:

"¡Mira sus pies y sus deditos, mi amor! Y esos aretes adorables que trae puestos. ¡Es tan menuda! No tiene las rodillas regordetas que tenías a su edad, y mira, ¡no tiene arrugas en los ojos! ¿Recuerdas cuando no tenías arrugas? ¿Acaso no la adoras, acaso no te gustaría comértela?" Y después comienza a besarla en todo el rostro.

De nuevo, eso es exactamente lo que les ocurre a muchos primogénitos. El nuevo bebé llega a casa y todos lo están mirando. La mamá le acaricia el cabello, los deditos de los pies, de las manos; y, peor aún, lo comparan con la primogénita en todo: "Vaya, sus mejillas no están tan regordetas como las de Megan, ¿recuerdas las mejillas de Megan?".

Para entonces, Megan piensa que hay algo de malo en ella. Y después, ve a su madre besando encantada los piecitos, el rostro y la barriga del bebé (de la misma manera en que antes la besaba a ella).

El nuevo bebé, que ahora recibe toda la atención, no tiene la menor idea de lo que sucede; pero tu primogénita, a quien están descuidando, nunca ha estado más consciente de lo que la rodea. Y eso es algo a lo que tienes que estar sumamente atenta antes de llevar a casa al segundo hijo. Es útil que esposo y esposa (o en el caso de madres solteras, la madre y un abuelo o un buen amigo) puedan "relevarse" para darle atención a la primogénita, con el propósito de que la transición sea más sencilla. También es una gran idea darle un regalo, ya que seguramente el bebé también recibirá muchos obsequios.

Algo de renuencia, así como preguntas extrañas, son de esperarse. He escuchado a niños de tres años preguntar, con una expresión de horror en el rostro: "¿*De verdad* nos vamos a quedar con ella?". De nuevo, debes trabajar arduamente para ver todo el tiempo desde la perspectiva de tu hija. Este es un enorme ajuste en su vida, así que, por favor, no le pidas que tan solo lo acepte sin que te tomes el tiempo de explicarle lo que ocurre.

Una de las mejores acciones que puedes tomar, ahora y en el futuro, es socavar cualquier discusión acerca de lo que consideran justo o de la manera en que todos deben ser tratados iguales. Es muy importante que los niños aprendan a muy temprana edad que no se les tratará igual. Querer igualdad es la causa de la mitad de las luchas entre hermanos (desde Caín y Abel hasta los Smothers Brothers *[nota del traductor:* Los "Smothers Brothers" son dos comediantes muy conocidos en los Estados Unidos]). Tu trabajo como padre es explicar porqué no se les puede tratar ni se les tratará de la misma manera.

—Amor, voy a tratarte diferente porque la pequeña Annika es tan solo una beba y tú no, tú eres una niña grande. Tú te puedes quedar despierta hasta las 8:30, pero Annika tiene que ir a dormir a las 7:30. La beba tampoco puede ver la televisión, ¿o sí?

—No.

—¿Puede jugar con mamá?

—No.

—No, no puede. ¿Podemos darle palomitas de maíz a la beba?

—Noooo.

—Así es, los bebés no pueden comer palomitas de maíz.

La mamá del ejemplo anterior está dando a entender que el primer hijo todavía es especial y que se debe tratar diferente a los dos niños. Con una mayor madurez vienen mayores privilegios y responsabilidades.

Para que te entienda, ¡sé dramática! Levanta las dos manos y di: "Querida, ¿puedes contar el número de siestas que un bebé tiene que tomar en un día? Vamos a contar: una, dos, tres, cuatro, cinco, seis, siete. Así es, la beba tiene que dormir siete veces al día, pero tú eres una niña grande, ¿cuántas siestas tomas?".

También es más fácil si el segundo hijo es del sexo opuesto al primogénito. Es posible que los niños de distinto género no peleen tanto por el papel de primogénito; y de hecho, ambos podrían desarrollar algunas tendencias propias de ese orden de nacimiento, aun y cuando sus personalidades serán bastante distintas (por ejemplo, que uno sea muy introspectivo y el otro muy extrovertido).

La clave de este proceso se encuentra en que el padre manifieste, diga y muestre al primogénito que cada miembro de la familia recibe un trato diferente. Es fácil de lograr cuando hay un espacio de tres o cuatro años entre ambos hijos, pero es mucho más difícil si la diferencia es de dieciocho meses o menos, en especial si al comenzar a crecer el segundo resulta ser más grande o inteligente.

Si incluyes a la primogénita en el cuidado diario del bebé, será más sencillo que ella acepte un trato diferente. Puede correr para traerte un pañal limpio o un juguete para las molestias de

197

la dentición. Puede aprender dónde guardas los biberones. Y, con un poco de dirección, hasta podría rociarle talco en las pompis; pero no le sueltes demasiado la rienda, a menos que quieras que el bebé quede tan blanco que parezca Casper (Gasparín), el Fantasmita Amigable.

DOS BEBÉS

No estoy hablando de gemelos (aunque si los tienes, ¡dichosa tú por tu doble porción de agotamiento!) cuando menciono que de pronto podrías darte cuenta de que tienes dos bebés en tus manos. Los primogénitos, y en especial los más pequeños, tienden a revertir su desarrollo poco después de la llegada del segundo hijo. No te sorprendas si así ocurre en tu hogar.

Una niña que ya sabe ir al baño, podría de pronto tener accidentes todos los días. Un niño que no ha tocado su chupete en nueve meses, podría comenzar a rogarte que se lo des (y tú buscas con desesperación en todos los cajones tratando de encontrar ese tonto objeto). Una niña que ya fue destetada y come alimentos sólidos, podría preguntarte si puedes amamantarla otra vez.

Conductas como las anteriores son normales. No todos los pequeños pasan por ellas, pero ya que una buena parte de los niños muestran señales de regresión, los psicólogos lo vemos como un ritual necesario que usan los primogénitos para lidiar con la tensión de tener un hermano. Sin importar lo que hagas, no puedes dar a la primogénita la misma cantidad de atención que le diste antes de que llegara el segundo hijo. Has empezado a correr de nuevo la larga carrera, pero ahora tienes un infante a quien cuidar.

Por lo tanto, compréndela un poco, está tratando de hacerse a la idea. Si tu hija de dos o hasta tres años quiere que la amamantes, déjala, quizá solo lo haga una vez. Si quiere su chupete, dáselo. Este es un momento estresante, así que necesitas ser flexible con tu primogénita.

Las conductas regresivas más preocupantes son las que buscan obtener tu atención. Justo en el momento en que más necesitas su ayuda, la primogénita podría dejar de comportarse correctamente para que le prestes atención. Puede hacer un desorden en el baño, ir de pesca a la pecera, ir a la despensa por bocadillos y dejar migajas de galleta en todas partes, tratar de lanzar al gato a la alberca, etc. Te sorprenderá lo creativa que puede volverse tu primogénita para ganar tu atención.

Ya que el nuevo bebé es tan indefenso, tu primogénita pronto aprenderá que la mejor manera de recibir atención es crear una emergencia, pues de otro modo, ya sabe qué respuesta recibiría: "Amor, espera un minuto hasta que acueste al bebé para su siesta". La primogénita Franny sabe que si puede crear una situación que amenace la vida de la mascota familiar o la suya propia, tú dejarás al bebé y bajarás corriendo de inmediato.

Si una niña mayor trata de desahogar su tensión en el bebé, al morderlo o darle un golpe, debes tener en mente que Franny la primogénita está sufriendo de un caso severo de destronamiento, y piensa que mamá ya no tiene suficientes besos o abrazos para ella. Por lo general, una situación así puede resolverse antes de que ocurra, si sencillamente le aseguras que mamá siempre tendrá suficientes besos, y que su amor por ella nunca disminuirá.

En el caso de que muerda o golpee al bebé, sácala del lugar y llévala a un lugar aparte. Con apariencia severa, dile que mamá no está contenta con ella. Después de las inevitables lágrimas y abrazos tranquilizadores, asegúrale de nuevo que mamá siempre la amará. Debes entender la psicología que está atrás de lo que está pasando: Cuando llevas al niño a un lugar aparte, lo estás aislado de su mamá, y... ¿adivina quién está con la mamá? ¡"La cosa"! La primogénita se da cuenta de que su plan resultó contraproducente, pues en vez de abrir una brecha entre la mamá y el bebé, ¡abrió una entre ella misma y la mamá! Pronto dejará de pensar que esa táctica es útil.

Algo muy importante es que hables con tu primogénita acerca de su deseo por tu atención. Ten una conversación parecida a esta:

—Querida, a todos nos gusta recibir atención. A mí me encanta cuando papá me da besos, me trae flores o me abraza al

199
····

llegar a casa. ¿No te gusta cuando papá te da un buen abrazo y un beso cuando llega a casa?

—Sí.

—Que nos atiendan, que nos abracen, que nos vean, es maravillo, ¿no? ¿Pero sabes qué? Hay otra forma de hacer que se fijen en nosotros que no es tan maravillosa, ¿sabes cuál es?

—No.

—Que nos vean con enojo. Se llama atención negativa. Es cuando te regañan o te gritan porque haces travesuras y haces que papá y mamá se enojen mucho; ese es otro tipo de atención, pero es atención negativa. ¿Te gusta que te vean enojados?

—No, creo que no.

—¿Cuáles son algunas de las cosas que hacen los niños para recibir la atención negativa?

—Pegarle al bebé.

—Esa es una.

—Lanzar los peces al retrete.

—Eso también sería recibir atención negativa, ¿no? ¿Esa es la atención que quieres, la que hace que papá y mamá se enojen contigo?

—Pues no.

—Eso pensaba.

REPASA SITUACIONES REALES CON TU HIJO

En otro momento después, continúa la conversación haciendo uso de situaciones reales de acciones que haya realizado tu hijo para conseguir tu atención.

"Cuando ves que mamá está haciendo repetir al bebé y das pisotones o te tiras al piso, podrías conseguir mi atención, pero es atención *negativa*. Tú sabes que tengo que cuidar, al bebé igual que cuando tú eras pequeña y tenía que cuidarte a ti. Yo te amamantaba, te cambiaba los pañales, te ponía a sacar el aire de tu estomaguito y te mecía para que te durmieras; de la misma manera en que lo hago con el bebé. En ocasiones solo tienes que esperar hasta que pueda poner atención a lo que necesitas."

Otra buena estrategia es satisfacer la necesidad de atención de tu primogénita al invitarla a ayudarte con el bebé. Sí, sé que lo puedes hacer más rápido y más a fondo sin su "ayuda", pero necesita participar, que la tomes en cuenta.

"Cariño, te voy a enseñar cómo repite un bebé y cómo necesita ayuda para hacerlo. Toma, pon esta tela sobre tu hombro y sostenla, ¡con cuidado! Tienes que sostenerle la cabeza. Bien, ahora hay que darle golpecitos suaves en la espalda, así, ¡muy bien!

"¿Escuchaste? Repitió, ya le sacamos el aire, y ahora podemos acostarlo para que duerma. ¿Por qué no vas por un cuento para que mamá te lo lea tan pronto acueste al bebé?"

A mí me parece mejor ignorar las conductas regresivas iniciales y no prestarles demasiada atención, pues tan solo representan la manera en que el primogénito maneja psicológicamente una situación muy traumática para él. Sin embargo, si la conducta continúa o si tu hija intenta recibir atención negativa constantemente, una conversación firme será útil. Necesitas comunicarte con tu hija de tres o cuatro años: "Espera un minuto, eres la niña grande, no una bebé, puedes esperar a mamá mientras me encargo de este pañal sucio".

Si no se comporta bien, es momento de aplicar disciplina. Lo más apropiado a esta edad es una "silla de castigo" o llevarla a otra habitación. Mi disciplina favorita es llevar al niño a un lugar aparte. Si no te deja darle de comer o limpiar al bebé, llévala a su habitación y cierra la puerta. Dile: "Si no dejas que mamá haga lo que tiene que hacer, no vas a poder estar con mamá. Regresaré por ti cuando haya terminado". Tan pronto como tu hija se dé cuenta de que actuar de este modo genera menos atención y a veces hasta confinamiento solitario, se detendrán gran parte de las conductas similares. En un principio, podría gritar hasta cansarse, pero recuerda, está bien que tu hija no esté contenta contigo de vez en cuando.

El uno es el número más solitario

Casi puedo escuchar a algunas de ustedes decir: *¿Por qué molestarse en tener dos o más hijos si la llegada de un nuevo bebé es un suceso tan traumático para el primogénito? En las generaciones pasadas no se veía a muchas familias con solo un hijo, pero en el* *presente, cada vez se vuelven más comunes.*

Quizá la mejor razón que puedo darte para tener más de un hijo proviene de algo que nunca he escuchado de un hijo único (y he hablado con muchos en mi vida). Lo que jamás he escuchado de un hijo único ya adulto es: "Quiero tener un solo hijo", pues todos quieren tener más de un hijo.

Los hermanos y hermanas son, de alguna manera, como la quimioterapia: no te gustan, pero en verdad los necesitas. Tener hermanos enseña innumerables lecciones valiosas. Los niños aprenden mucho acerca de la necesidad de compartir. Descubren rápidamente que no son el centro del universo (algo con lo que un "hijo único" podría luchar toda la vida). Vivir con un miembro del sexo opuesto los prepara para el matrimonio, al enseñarles cómo relacionarse con miembros de otro género. Cuando hay muchos hijos, pueden aprender a cooperar y a jugar con quienes no son de su misma edad.

Todos los órdenes de nacimiento tienen su ventaja. La segunda hija se beneficia de haber tenido a alguien que le allanara el camino, pues el primogénito es el que siempre termina siendo un conejillo de indias y el "niño de práctica". Estoy seguro de que todavía después de haber leído este libro te excederás con el primogénito. Con el segundo, te relajarás un poco y te darás cuenta de que la mugre no es letal. Otra desventaja para el primogénito es que se vuelve alguien conveniente a quien culpar cuando algo se rompe o se pierde. El bebé de la familia recibe mucha atención y tiene a mucha gente a su servicio. Los de en medio disfrutan de menos presión y menos atención y pueden desarrollarse a su propio ritmo.

Aunque tener una familia grande no es algo políticamente correcto en esta época, creo que considerarlo es una verdadera bendición. Nunca he conocido a alguien que pertenezca a una familia grande que me haya dicho que no disfrutó al crecer con muchos hermanos. Definitivamente, admiten que en ocasiones era difícil. Tal vez no había mucho dinero, y todos, excepto el primogénito, debían usar ropa que alguna vez fue de sus hermanos mayores. Y era raro que pasaran tiempo a solas con sus padres. Pero la alegría de tener muchos hermanos y hermanas superaba la escasez de objetos materiales. En familias grandes, se aprende a cooperar y a depender de los demás, se experimenta el gozo del trabajo en equipo y de compartir, además de que se aprende la valiosa lección de que todos deben cooperar y ayudar para el bien común.

Otro valor de las familias grandes es que limitan la cantidad de actividades en las que pueden participar los niños, porque los padres están tan locos en estos días, que inscriben a sus hijos en tres o cuatro actividades cada temporada; no obstante, no es posible hacerlo con cinco, seis o siete hijos. El dinero y el tiempo no lo permiten. Pienso que es una bendición que no puedan hacerlo, ya que los niños necesitan momentos tranquilos en casa y no estar ocupados todo el día en ir de un lugar a otro.

En una ocasión, hace muchos años, me presenté en un programa de televisión con Geraldo Rivera, en el cual entrevistó a familias con 19, 13, 11 y 9 hijos. Todos hablaban de la alegría de tener una familia tan grande. Algo que me sorprendió fue la madurez de los niños menores, que al mismo tiempo eran bastante ingenuos en cuanto a muchas cosas bien conocidas para la mayoría de los demás niños pequeños. Por ejemplo, hablé con el niño más pequeño de una familia grande. Tenía tan solo cuatro años, pero si veía pasar un avión sobre de él, podía decir qué tipo de avión era; y si le mostrabas una fotografía de los Beatles, podía decir quién era Paul y quién era John.

Después, intenté un pequeño experimento.

—Jason —le dije— ¿puedes terminar esta frase: "Jack y Jill subieron una..."?

Jason me miró sin poder responder.

—Mary tenía un...

Jason no tenía idea de lo que le estaba hablando.

Un primogénito sabría toda la canción, pero con frecuencia el hijo menor de una familia grande se pierde de todas las canciones para niños. Eso muestra cómo tu propia manera de desenvolverte como madre cambiará con cada hijo.

En las familias grandes, los hijos admitían libremente que había momentos difíciles, y los padres confesaban haber tenido

203

noches difíciles en las que solo miraban al techo y se preguntaban: "¿Cómo rayos vamos a lograrlo?".

Pero, dime: ¿qué pareja no ha dicho eso al menos una vez en su vida? También los padres que se quedan con un solo hijo están destinados a pensar lo mismo en algún momento.

En un época en que la familia promedio tiene 1.9 hijos, me doy cuenta de que hablar de familias grandes sonará inusual, en el mejor de los casos, y excéntrico en el peor. Algunos podrían decirme: "¿Estás loco? ¿No sabes lo que cuesta criar a una familia en la actualidad?". Sí, lo sé, Sande y yo tenemos cinco hijos entre las edades de cinco y treinta años; sabemos de lo que estamos hablando. Hay desventajas; pero las ventajas las superan contundentemente. Espero que al menos consideres algunas de las bendiciones de tener una familia grande.

204
••••

PREPARANDO EL CAMINO

En suma, sí, será un poco traumático para tu primogénita cuando lleves a "la cosa" al hogar. Pero puedes ayudar a aliviar su incomodidad al pensar con cuidado cómo le informarás del inminente nacimiento o adopción; y si la tomas en cuenta cuando traigas al bebé a casa y la incluyes en el cuidado inicial de su hermano.

No podrás eliminar por completo la ansiedad de tu primogénita, pero está bien, pues creo que algo de tensión y descontento es bueno para los niños. Es saludable que aprendan a lidiar con las dificultades, por esto, abogo por las familias grandes. Los hermanos nos ayudan a madurar y a relacionarnos. Llevar a casa a otro hijo puede ser un "regalo" que tu primogénita desearía poder devolver, pero que finalmente representará grandes beneficios futuros.

EPÍLOGO

No hay nada mejor que ser amado

Sin duda criar a un primogénito, o a cualquier hijo, es muchísimo trabajo, cualquier padre lo admitiría. Pero ser padre o madre también es una aventura emocionante llena de cambios, risas, también algunas lágrimas y sorpresas. ¿Vale la pena? Como padres de cinco hijos, Sande y yo responderíamos con un sonoro "¡sí!" ¿Significa que nunca nos cansamos? Definitivamente no. En ocasiones estamos exhaustos al máximo porque todos exigen nuestro tiempo y energía. ¿Hay noches en las que nos miramos el uno al otro y nos preguntamos: "¿Por qué a nosotros, qué hicimos para merecer esto"? Claro que sí.

Pero entramos a este juego, y nos mantenemos en él, porque creemos en el poder de ser padres. Así que déjame finalizar con una historia verídica que revela el poder que tienes como madre, no sólo de tu primer hijo, sino de todos los hijos a quienes críes, y aun sobre las generaciones venideras.

Aunque no eres fanática del golf (en lo personal, yo tampoco lo soy), creo que podrás identificarte con esta historia emocional sobre la paternidad.

El "U.S. Open" (Torneo Abierto de los Estados Unidos) se considera ampliamente como el torneo que presenta las condiciones de juego más brutales en el golf profesional. También, es uno de los cuatro torneos principales y más prestigiosos donde se forjan o se destruyen carreras en el golf.

Uno de los jugadores que participaron en el torneo de 1998 fue Lee Janzen, quien no había ganado un torneo en tres años. En sus cinco intentos anteriores en "U.S. Open", falló cuatro veces en el corte (los competidores se dividen en dos durante el segundo día del torneo; y si su puntaje se encuentra en la mitad más baja, salen del torneo con las manos vacías) y ganó una vez, obteniendo así un récord demente de tres perdidos, un ganado y un perdido, en ese orden.

La noche del sábado del torneo de 1998, definitivamente no parecía ser el fin de la mala racha que había tenido, de tres años sin ganar. Se encontraba cinco golpes detrás del líder, y en un campo como el del "U.S. Open", necesitaba jugar de una manera casi perfecta y esperar que disminuyera la ventaja de los líderes. Todos los reporteros aceptaban casi como una verdad bíblica que si Payne Stewart, que se encontraba en la cima de la tabla de posiciones, podía tirar un "par" uniforme durante el domingo conseguiría ganar el torneo (*nota del traductor:* en golf, el "par" es la puntuación estándar para cada hoyo; así, un "bajo par" significa lograr una puntuación menor a la estándar [que es lo deseable en el golf], un "bogie" significa conseguir una puntuación mayor a la estándar, y mantener un par uniforme es no superar la puntuación estándar en ningún hoyo).

Janzen no se ayudó mucho al comenzar la ronda final con un par y dos bogies, lo cual lo colocaba siete golpes detrás de Payne Stewart, aun con siete hoyos por jugar. Se levantó un poco al conseguir un bajo par en el siguiente hoyo; pero en el quinto, su tiro largo se desvió desastrosamente hacia la derecha, lo cual hizo aterrizar la bola en un enorme ciprés. Los árboles de este campo son muy gruesos, y con demasiada mala suerte, la bola de Janzen se quedó atrapada entre las ramas. Él y su "caddie" buscaron la bola frenéticamente, pero un espectador confirmó que nunca llegó al suelo (*nota del traductor:* el "caddie" es el asistente que, entre otras responsabilidades, carga la bolsa de palos).

Desanimado y seguro de haber perdido el torneo, Janzen comenzó a caminar de regreso hacia el punto de partida del quinto hoyo, sabiendo que con la penalización, llegaría a un "bogie" doble y ahora su desventaja con respecto a Stewart sería de ocho golpes, lo cual sellaría su derrota.

Curiosamente, el "U.S. Open" siempre termina el Día del Padre (a menos que haya un partido de desempate el lunes), y Janzen estaba a punto de recibir su regalo. Sin haberse alejado mucho, de pronto se volvió y miró hacia atrás, porque algunos espectadores con gran emoción le gritaban. ¡La bola finalmente había caído! Regresó entusiasmado, y después de un par de tiros excelentes, Janzen logró un "bajo par" en vez de un "bogie" doble, con lo cual regresó con fuerza a la competencia.

Stewart empezó a declinar, y Janzen se mantuvo constante. Al final, Stewart perdió el torneo al fallar un "putt" por quince centímetros en el hoyo dieciocho. Ahora, el récord de Janzen era: perdido-perdido-perdido-ganado-perdido-ganado.

En verdad es emocionante ganar cualquier torneo después de una racha perdedora de tres años; pero terminar esa racha con una victoria en un torneo tan importante debe ser una de las mejores sensaciones que puede experimentar un golfista. Pero, definitivamente, no sería la mejor emoción del día de Janzen, la cual todavía estaba por llegar.

En la conferencia de prensa, un pequeño de cuatro años creó mucha conmoción. Había estado todo el día con su niñera, pero ni siquiera una manada de caballos habría podido mantenerlo alejado de su papá por más tiempo. Corriendo a los brazos de su padre, Connor Janzen gritó: "¡Papá!, te extrañé, ¡feliz Día del Padre!"

¿Cómo crees que se sintió ese padre? Frente a un público internacional, Lee Janzen no pudo contener las lágrimas. Sí, fue especial ganar el "U.S. Open", pero en la vida, hay cosas mejores que el mayor logro en la carrera de alguien.

Él comentó después: "No hay nada mejor que ser amado".

Y tiene razón.

Sí, te he pedido que hagas sacrificios. Habrá momentos en los que no sabrás de dónde sacar el dinero, la energía emocional o el tiempo que necesitas para invertir más en tus hijos; pero sorprendentemente, cuando buscas en lo profundo, con

207
••••

asombro lo encontrarás. "Tendrán nuevas fuerzas; levantarán alas como las águilas; correrán, y no se cansarán; caminarán, y no se fatigarán."[9]

Y cuando lo hagas, encontrarás esos raros momentos como el que experimentó Lee Janzen en el "U.S. Open", momentos en los que ni siquiera el mayor éxito se compara con la emoción de que tu niñito o niñita llegue corriendo a tus brazos, gritando: "¡Te amo! ¡Feliz Día de las Madres!"

En realidad, no hay nada mejor que ser amado... especialmente por un hijo.

Juegos favoritos
de los bebés

Para pasar un tiempo divertido con tu beba, prueba estos siete juegos clásicos que garantizan hacerlas reír, ¡y después inventa los tuyos![10]

WITZI WITZI ARAÑA

Witzi witzi araña subió a su telaraña,
Vino la lluvia y se la llevó;
Salió el sol, la lluvia se secó
Y witzi witzi araña otra vez subió.

Mientras cantas la canción, mueve tus dedos suavemente sobre el cuerpo de tu beba, desde sus pies hasta su pecho, simulando que son una araña que camina sobre ella. Cuando la lluvia se lleva la telaraña, usa ambas manos y deslízalas por el cuerpo de la beba (le encantará). Después, comienza a "subir" de nuevo por su cuerpo.

Juegos como este combinan las tres cosas que más les gustan a los bebés: el contacto visual, el tacto y las canciones.

EL CONEJITO FU FU

Esta canción es mejor acompañarla con ademanes vigorosos de las manos y una entonación melodramática.

El conejito Fu Fu brincaba por el bosque (haz que tus dos manos parezcan orejas de conejo, o pon los dos dedos de una mano en forma de orejas y haz que la mano "salte" sobre la otra).

Recogiendo a los ratones del campo y dándoles coscorrones (en la cabeza, dale golpes suaves con el puño cerrado).

Bajó la hadita buena y le dijo (haz un ademán con el dedo y habla con una voz enérgica y graciosa, como si tú fueras la hadita estuvieras y haciendo una declamación melodramática),

"Conejito Fu Fu, no quiero que levantes a los ratoncitos
    ni que les des coscorrones.
"Te di tres oportunidades y no te comportaste.
"¡Eres un cabecidura!"
¡Puf!

EMPANADA

Sí, tal vez ya conozcas este.
Empanada, empanada; panadero
Prepárame un pastel lo más rápido que puedas
Ponlo en el horno ¿y qué es lo que ves?
Sale un pastel para el bebé y para mí.

De nuevo, la clave es hacer ademanes con las manos que correspondan con los versos. Da palmaditas en las manos o pies de la beba mientras haces la empanada. Haz los movimientos más rápido cuando llegues a "lo más rápido que puedas". Cuando digas "para el bebé y para mí", señala a la beba y luego a ti.

CINCO PEQUEÑOS CHANGOS

Esta canción es excelente para la hora de dormir.
Cinco changuitos saltaban en la cama.
Uno se cayó y se pegó en la cabeza.
Mamá llamó al doctor y el doctor dijo:
¡Qué no haya más changuitos brincando en la cama!
Cuatro changuitos saltaban en la cama.
Uno se cayó y se pegó en la cabeza.
Mamá llamó al doctor y el doctor dijo:
¡Qué no haya más changuitos brincando en la cama!
Tres changuitos saltaban en la cama.
Uno se cayó y se pegó en la cabeza.

Mamá llamó al doctor y el doctor dijo:
¡Qué no haya más changuitos brincando en la cama!
El juego sigue, cantando después, dos changuitos y luego
uno…
Ningún changuito brincaba en la cama.
Ninguno se cayó ni se pegó en la cabeza.
Mamá llamó al doctor y el doctor dijo,
"¡Qué todos los changuitos regresen a la cama!"

DAVY, DAVY DUMPLING

Esta canción es vieja y podría poner nerviosos a algunos
padres modernos, pero no te preocupes, tu hija no tiene ningún
contexto como para pensar en algo truculento, y es un juego
divertido que hará reír mucho a la beba si empleas los ademanes
adecuados

211
••••

Davy Davy Dumpling,
Hiérvelo en una olla.
Engrásalo.
Azúcaralo.
¡Y cómetelo mientras está caliente!

En el verso de "Davy, Davy Dumpling", me gusta hacerle
cosquillas al bebé en la barriga. Cuando llego a "Hiérvelo",
muevo rápidamente los dedos en las mejillas del bebé. En
"Azúcaralo" es donde en verdad le hago cosquillas en la barriguita. En "Engrásalo", deslizo las manos por sus piernas, y al
llegar a "cómetelo mientras está caliente," resoplo fuerte y sono-
ramente en el estómago del bebé.

CRUZ, CRUZ, MERMELADA

Para esta canción, pon boca abajo a la beba.
Cruz, cruz,
Mermelada.
Las arañas trepan por tu espalda.
Una brisa fría,
Un fuerte apretón,
¡Te dan escalofríos!

En "Cruz, cruz", haz una X con los dedos sobre la espalda de la beba; en "mermelada," borra la X. Cuando llegues a "las arañas trepan", mueve los dedos como una araña por toda su espalda. "Una brisa fría" significa que soplas con delicadeza en el cuello de la beba. "Un fuerte apretón" es exactamente lo que le haces en sus piernitas. "Te dan escalofríos" es la parte divertida: ¡le haces cosquillas en todas partes! ¿No te encanta escucharla reír?

ZAPATERO, ZAPATERO

Coloca de espaldas a la beba. Es un juego que haces con sus pies, así que necesitas colocarte muy cerca y dejarla que te vea el rostro.

Zapatero, zapatero, arregla mi zapato,
Termínalo a las dos y media.
Cóselo arriba y cóselo abajo;
Clávale bien el tacón con el martillo.

En el primer verso, toma los dos pies de tu beba en una mano, y con la otra, dale palmaditas que coincidan con la cadencia de la canción. Cuando llegues a "Termínalo…", con tus dos manos toma los pies de la beba y mueve sus deditos por todas partes. En "cóselo", junta el pulgar y el índice y "cose" el pie. En el último verso: "Clávale bien el tacón con el martillo", golpea muy suavemente su talón con tu dedo índice.